쌀/라/보/는 고전

종의 기원

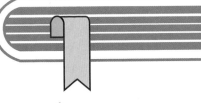

짤/라/보/는 고전

UNIT II. 인간의 존재 이유에 관한 생물학적 고찰

짤라보면 인간이 보인다!

종의기원

원작 **찰스 로버트 다윈**

큐레이션 **겨울나무**

116
messages

생명의 기원에 관한 끈질긴 탐구

**혹은, 다윈을 읽는 짤고만의
특별한 시선**

HERMONHOUSE

/ <종의 기원>에 대한 이해

진화의 원리로 설명한 종의 기원

영국의 생물학자이자 지질학자인 찰스 로버트
다윈(*Charles Robert Darwin, 1809~1882*)에 의해
쓰였다. 1859년 초판이 출간된 후 1872년까지 찰스
다윈이 직접 6판까지 집필했다. 1831년 비글호
항해로부터 따지면 무려 30년에 가까운 생물학
연구의 성과를 집대성한 대작으로, 현재까지도 종의
기원, 생명의 진화 원리를 추적해낸 베스트셀러로
자리매김하고 있다.

영국의 '금수저' 의사 집안에서 태어난 찰스 다윈은
할아버지 이래즈머스 다윈(*Erasmus Darwin*), 아버지
로버트 워링 다윈(*Robert Waring Darwin*)에 이어
에딘버러 대학에서 의학을 공부했다. 그러나 중도에
의학 공부를 포기하고 케임브리지 대학에서 성공회
신부가 되기 위해 신학을 공부하던 중 식물학과

지질학의 세계에 빠져든다.

1831년 대학 졸업 후 로버트 피츠로이(*Robert FitzRoy*) 선장이 이끄는 비글호에 박물학자로 승선한다. 남아메리카와 아프리카를 거쳐 4년 10개월 동안 지구를 한 바퀴 돌아 영국에 도착한 탐사선 비글호에서의 연구는 찰스 다윈이라는 걸출한 생물학자를 탄생시킨 배경이 되었다. 찰스 다윈 이전까지 생명과 종의 기원이 창조주의 아름다운 작품이라는 '창조설'이 정설이었다면, 〈종의 기원〉은 그 모든 것이 자연의 선택이며 치열하고도 정교한 생존 투쟁의 결과임을 설명해낸다. 현대의 유전학이 발달하기 이전까지 생명의 기원에 대한 풀리지 않는 수수께끼의 단서를 제공했던 〈종의 기원〉은 '자연 선택'의 '대물림'이

'진화'의 원리임을 증명한다. 인류사의 위대한
발견인 〈종의 기원〉은 이후 다윈이 집필한 〈인간의
유래와 성 선택〉(*The Descent of Man, 1871*)으로
이어지며 현대 생물학의 기초를 쌓았다.

다윈의 〈종의 기원〉이 갖는 의미는 종종
코페르니쿠스의 지동설과 비견된다. 지구가 태양을
중심으로 도는 행성에 불과함을 밝혀낸 것이
니콜라스 코페르니쿠스(*Nicolaus Copernicus*)였다면,
다윈은 인간 역시 자연의 일부에 불과하다는 겸허한
깨달음을 준다. 근현대 과학이 이뤄낸 최고의
성과이자, 중세식 세계관이 현대식 세계관으로
변화한 주요한 변곡점으로 평가받는다.

/〈종의 기원〉을 큐레이션(curation)하며

문과생의 이과 탐험

찰스 다윈은 놀랍도록 성실한 관찰자이자
연구자였다. 광활한 영지에서 수백 종의 동식물을
직접 키우며 변화의 과정을 추적했고,
그 기간이 평생에 이르렀다. 다윈의 집요한 탐구는
생명의 기원을 신의 영역에서 자연의 영역으로
이끌어내렸다. 그 과정이 〈종의 기원〉에 담겨 있다.
이 큐레이션 북은 다윈이 6판까지 집필한 〈종의
기원〉의 마지막 판본을 기준으로 만들어졌다. 최근
타 출판사에서 초판 완역본이 출간되기도 했지만,
아직 국내에서는 6판 번역본이 널리 읽힌다. 초판과
6판의 가장 큰 차이는 7장의 존재다. 진화론의
열쇠가 되는 자연 선택 이론에 대해 초판 출간
이후 날아든 수많은 반론과 이견을 정리해 답변한
장이다. 그러나 과학자들 사이의 토론이다 보니 일반

독자들이 읽기에는 지루한 장이기도 하다. 구체적
반론 사례에 대해 꼼꼼히 읽기보다는 맥락을 파악해
진화론을 이해하는 게 나을 듯싶다.

〈종의 기원〉을 큐레이션하면서 텍스트로 삼은 책은
'홍신문화사'에서 1988년 초판을 발행한 홍성표
번역의 〈종의 기원〉이다. 이 책의 2019년 개정판
중판을 독해했다. 발췌, 인용 부분 역시 이 책에서
따왔다. 의미를 따라잡는 데는 문제가 없지만,
오래된 책이다 보니 일부 표현을 요즘 쓰는 어휘로
바꾸었다. 과학 용어 역시도 '생존 경쟁'을 '생존
투쟁'으로, '상관 변이'를 '연관 성장'으로 바꾸는 등
요즘 독자들이 읽기 쉽게 정리했다.

만약 우리가 찰스 다윈만큼 끈기 있는 독자라면
큐레이션 북보다는 두툼한 사전 분량의 원본을 읽는

것이 옳을 것이다. 하지만 의욕에 넘쳐 반도 못 읽고
책을 덮기보다는 쓸모 있게 다듬은 큐레이션 북이
독서의 즐거움을 더해줄 것이라 믿는다.

이 책을 쓰는 덕분에 평생 손이 갈 것 같지 않았던
〈종의 기원〉을 찬찬히 읽어볼 수 있었다. 그렇다고
뼛속까지 문과생인 주제에 감히 〈종의 기원〉,
진화론을 온전히 이해했다고는 말하지 못하겠다.
하지만 다윈이 아닌 다음에야 누구라도 그렇지
않을까? 듬성듬성 펼쳐 보고, 읽고 싶은 페이지에서
잠시 멈출 수 있다면 충분하다. 부디, 독자들에게
맞춤한 책이길….

차례

머리말

001

집필 목적

나는 다급했다. 영국 해군의 탐사선 비글호를 타고 4년 10개월 동안 지구를 한 바퀴 돌아 정리한 연구 자료들이 쓰레기가 될 위기에 처했다.

저 멀리 말레이 제도에 사는 박물학자 앨프레드 러셀 월리스(*Alfred Russel Wallace, 1823~1913*)가 나와 거의 똑같은 연구 논문을 보내왔기 때문이다. 나는 발표를 서둘러야 했다. 그것이 마치 "살인을 자백하는 행위"처럼 위험할지라도.

1844년 작성해 라이엘 경과 후커 박사 등에게 보여주었던 내 원고와 월리스의 논문을 묶어 함께 발표했다. 그리고 비글호 탐사 후 15년의 연구 결과를 약간은 불완전한 요약본의 형태로 정리해 내놓은 것이 바로 〈종의 기원〉 초판이다.

이 책을 간행하게 된 특별한 동기가 있는데,

그것은 말레이 군도에서 박물학을 연구하고 있는

월리스(Wallace) 씨가 종의 기원에 대해 나와 거의

똑같은 결론에 도달하고 있기 때문이다.

❗ 짧고 메시지

불완전하지만 서둘러 <종의 기원>을 출간하게 된 이유를 설명한 서문.
자칫 더 뭉그적거렸다가는 역사 속에서 생물학의 이인자로 남을 뻔한
다윈의 불안이 출간을 압박했다.

002

종은 독립적으로 창조되지 않았다

〈종의 기원〉 이전까지는 절대자에 의해 세상의 모든
종이 각기 독립적으로 '창조'되었다고 믿어졌다.
하지만 나는 여기에 의문을 던진다. 종의 기원과
관련해, 종의 변이(variation)와 가변성, 생존 투쟁,
자연 선택(Natural Selection), 대물림의 원리야말로
종의 기원, 그 시작을 유추해볼 수 있는 법칙들이다.
정연한 논리로 1장부터 15장까지 종의 신비에 대한
확신을 펼쳐 보이겠다. 더불어 예측 가능한 비판들에
대해 선제적인 해설까지도 첨부했다.

나는 성의를 다해 신중히 연구했고 냉정한 판단을
내렸다. 그 결과, 대부분의 박물학자가 근래에까지
품고 있었고 나 역시 인정하고 있던 견해, 즉 각각의
종은 독립적으로 창조되었다는 주장에 의심을
품게 되었다. 종은 변하지 않는 것이 아니며 어느
한 종에서 만들어졌다고 인정되는 변종이 그 종의
자손인 것과 마찬가지로, 이른바 같은 속(屬)에
속하는 종들은 이미 일반적으로 소멸해 버린
종으로부터 얻어진 자손이라고 확신한다. 또한 나는
'자연 선택'이 변화의 유일한 방법일 수는 없지만,
가장 중요한 방법이라는 것도 확신한다.

❗ **짤고 메시지**

세상 모든 것은 현재와 같은 완벽한 상태로 신에 의해 창조되지 않았다는,
당시로서는 무모한 주장의 서막.

제1장

사육 재배 하의
변이

003

생명체의 가변성

살아 있는 모든 생명체는 변화한다. 즉 가변성을
갖고 있다. 그리하여 세상에 똑같은 생명체는 없고,
일단 변이하기 시작한 생명체는 세대를 거듭하며
개량되거나 변형된다. 생명체가 변이하는 원인은
암수의 수정이 일어나기 전, 무언가로부터 영향을
받은 암수의 번식적 요소들 때문이다. 이 요소들은
대물림이라는 법칙을 지키며 세대를 거듭한다.
변이에는 다양한 원인이 있는데 아마도 환경,
먹이, 기후, 습성 등이 영향을 미칠 것이다. 그리고
연관 성장을 주목해야 한다. 파란 눈의 고양이들이
반드시 청각 장애를 갖고 태어나는 것처럼, 연관
관계에 있는 생명 기관들은 무의식적으로 연관되어
변이한다. 그리고 '비슷한 것이 비슷한 것을
낳는다'는 상식처럼 모든 형질은 그것이 무엇이든
후대로 대물림된다.

사육 재배 하의 변이

전혀 알려져 있지 않거나, 또는 확실하게 알 수 없는
변이의 여러 법칙으로 인해 발생하는 결과는 무한히
복잡하고도 다양하다…(중략) 모든 체제는 그가
살고 있는 환경에 적응하기 쉽게 되어 본디 조상의
형태에서 조금씩 멀어져 가는 경향이 있다.

❗ 짤고 메시지

모든 생명체는 변이한다는 명제로부터 출발한다. 이름 모를 풀꽃도,
강아지도, 그리고 인간도! 그 변이한 형질은 후대로 이어진다. 재벌이
재벌을 낳고, 연예인 부모가 연예인 자식을 키우는 것처럼.

004

대물림의 규칙

왜 어떤 형질은 대물림되고 어떤 형질은 양성
모두에게 혹은 한쪽 성으로만 대물림될까?
또한 때때로 대물림되지 않는 이유는 무엇일까?
내가 찾아낸 규칙은 한 가지다. 어떤 형질이
생명체의 일생 중 어느 시기에 나타나면
자손에게서도 유사한 시기에 그 형질이 나타난다는
사실이다. 격세 유전, 혹은 조상의 형질로 복귀되는
특징 역시 눈여겨봐야 한다. 이러한 특징은 사육과
재배라는 인간의 인위적인 노력에도 불구하고,
종의 기원을 유추해볼 수 있는 단서다.
인간이 사육하고 재배하는 종들은 여러 종에서
내려온 것일까, 하나의 종에서 내려온 것일까?
확실한 결론을 내릴 순 없지만, 감히 그 기원은 좀 더
단순할 거라고 추측해본다.

순수한 두 품종 간의 최초의 교배로 생긴 자식은
한결같이 모든 것이 단순하게 여겨진다. 그러나
이러한 잡종이 여러 대에 걸쳐 서로 교배를 거듭한
후에 그들을 비교해 보았을 때, 닮은 것은 거의
없었다.

❗ 짧고 메시지
유전자의 계승이란 아래로 향하는 흐름처럼 보이지만 역으로 생각해 보면
그 기원을 상상해볼 수 있는 비밀의 문이기도 하다.

005

집비둘기 육종

나는 영국 내에서 구할 수 있는 모든 품종의 사육
비둘기들을 구해 연구했다. 저명한 육종사와
비둘기 애호가들과의 교제는 큰 도움이 되었다.
20종에 달하는 다양한 모양과 색깔, 크기와 습성의
집비둘기들은 제각각의 형질을 갖고 있지만 나는
그것들이 대체로 야생 바위비둘기와 유사하다는
사실을 발견했다. 그리고 각기 다른 품종의
집비둘기들을 교잡했을 때, 놀랍게도 그들의
자손에서 바위비둘기로부터 내려온 것이 확실한
형질을 발견할 수 있었다. 게다가 잡종인 후손들
모두 완벽한 생식 능력을 가진 채 태어났다.
그래서 내가 내린 결론은 이것이다. 모든 사육
품종의 비둘기들은 바위비둘기(콜룸바 리비아)와
그것의 지리적 아종으로부터 내려온 것이 틀림없다!

나에게 강한 인상을 준 한 가지 사실은, 내가
이야기를 주고받거나 논문을 읽거나 한 여러 명의
가축 사육가나 식물 재배자들은 자신들이 취급한
모든 품종이 같은 수의 기원이 다른 종으로부터
유래했다고 굳게 믿고 있다는 점이다. 나도 경험한
일이지만, 누가 헤레포드의 사육가에게 그 소가
뿔이 긴 소로부터 유래한 것이 아니냐고 묻는다면
그는 아마 비웃을 것이다. 비둘기, 닭, 집오리,
토끼의 사육가치고 주요한 품종이 각각 다른
종으로부터 유래했다는 것을 믿지 않는 사람을
일찍이 본 일이 없다.

❗ 짤고 메시지

다윈이 살던 시대에 비둘기 육종은 지금의 반려견 문화만큼이나
유행이었다. 인간은 끊임없이 더 특별하고도 신기한 비둘기 품종을
개량해냈다. 그러나 그 변이의 출발, 육종의 조상이 한 종류였다는 것을
추적해낸 다윈의 근성이 오늘날 다윈을 진화론의 정점에 서게 만들었다.

무의식적 선택, 욕망의 이면

사육 품종의 다양성은 거저 얻어지는 것이 아니다.
생명체 본연의 가변성에 더해 인간의 선택, 노력이
만들어낸 결과다. 인간은 어떤 방향으로든 사육하는
종들에 대해 유용한 변이를 선택했고, 그 결과로
쓸모 있고 아름다운 품종들을 만들어냈다. 강력한
선택의 힘이 사육을 위해 가장 우수한 메리노 양을
만들어낸 것처럼.

훌륭한 혈통을 가진 동물들은 어마어마한 값에
유통되어 인간에게 기쁨을 주었다. 식물도
마찬가지다. 꽃잎은 더 커졌고, 미적인 요소들은
더 아름답게 개량되었다. 얼핏 보아서는 별개의
변종으로 분류될 만큼 큰 변화를 보였다. 뛰어난
원예가들이 최상의 변종들을 자연스럽게 선택해
보존한 덕분이다.

새로운 아품종의 가치를 나타내는 여러 가지 점이
일단 충분히 인정을 받으면 내가 말한 무의식적
선택의 원리가 그 품종의 특징을 이루고 있는
성질을, 그것이 어떤 것이든 간에 차츰 키워 나갈
것이다. 아마 그 품종의 유행에 따라 어느 시기에는
다른 시기보다 더 많이 키워질 것이며, 또한
주민의 문명 상태에 따라 어느 지방에서는 다른
지방에서보다 더 많이 키워질 것이다.
이와 같이 완만하고도 다양한, 그리고 눈에 잘 띄지
않는 변화의 기록이 보존되는 기회는 거의 없는
형편이다.

❗ 짤고 메시지

인간의 무의식적 선택! 항상 더 아름다고 유용한 것을 향한 욕망이 품종의
변화를 불러왔다. 뿐만 아니라, 더 아름답고 유용한 것을 향한 인간의
욕망은 전화기를 갤럭시와 아이폰으로 진화시켰다.

007

선택의 결과

고도의 가변성은 선택의 재료가 풍부해진다는
측면에서 종의 변이에 유리한 조건이다. 더불어
개체수가 많다는 것은 변이의 출현 기회를 더욱
증가시킬 수 있다는 측면에서 가장 중요한 요소다.
그리하여 우리가 사육하는 동식물 품종의 기원을
상상해보면, 생활 조건의 영향을 받은 생식계,
대물림과 복귀의 법칙, 연관 성장에 의해 지배를
받는다고 생각한다. 기관이나 형질의 사용과 불용
역시도 영향을 미칠 것이다. 이렇게 얻어진 결과는
최종적으로 매우 복잡한 양상을 띨 것이고, 깃털이
화려한 비둘기, 맛있고 커다란 딸기 등 인간에게
이로운 품종들을 탄생시켰다고 확신한다.

어떤 저자들은 우리들이 사육한 산물(産物)에
있어서의 변이의 양은 단시일에 획득된 것으로서,
그 뒤로 이것이 능가되는 일은 절대로 없다고
주장하고 있다. 그러나 어떤 경우에 있어서든지
그 극한에 이르렀다고 주장하는 것은 성급한
단정일 것이다.

❗ 짧고 메시지

인간이 사육하고 재배하는 동식물은 인간의 선택에 의해 변화했다. 당신
주변에서 종종거리고 있는 반려견 푸들의 앙증맞은 모습을 보라. 그
앙증맞음이 진화의 증거이다.

제 2 장

자연 상태에서의
변이

008

종(種)이란 무엇인가?

'종'이란 동일한 계통 집단이라는 의미를 함축하고
있다. 그러나 아직은 어느 박물학자도 완벽한 종의
분류 기준을 주장하지 못한다. 종과 아종, 아종과
뚜렷한 특징을 가지는 변종의 차이는 무엇일까?
분명한 경계선이 없다는 사실만이 자명할 뿐이다.
그리고 모든 변종이 필연적으로 종의 지위를 얻는
것도 아니다. 그래서 나는 이렇게 결론지었다.
종이란 서로 매우 닮은 개체들의 집단에게 편의상
임의적으로 붙인 용어이며, 덜 뚜렷한 특징을
보이고 변화가 심한 형태들을 일컫는 용어인 변종과
본질적으로 다를 바가 없다. 따라서 나는 종이란
단지 그 특징이 뚜렷하고 명확한 변종일 뿐이라고
믿는다.

종이란 뚜렷한 특징을 가지는 영속적인 변종에 지나지 않는다.

❗ 짤고 메시지

자연을 '자연'이라 네이밍(naming) 한 것도 결국 인간이다. 종이건 변종이건 분류하고 이름을 지은 것은 자연이 아니라 인간이었다.

009

종과 변종

종에서 파생된 변종은 어느 만큼의 변이를 보여야
변종이라는 이름을 얻게 될까? 정답은 없다.
종과 변종은 동일한 일반적 형질을 갖고 있고,
잘 구별할 수 없기 때문이다. 대개 가장 번성하고
우세한 종일수록 더 많이 변이하고, 더 많은 변종을
만들어낸다. 그리고 이렇게 탄생한 변종은 새로운
별개의 종으로 변해 간다.
우리 자연계에서 활발히 번식하는 우세한 종들은
생존 투쟁의 장에서 살아남아 더 많은 자손을 남기며
더 우세해지게 된다.

변종과 종 사이에는 확실히 하나의 극히 중요한
차이가 있다. 그것은 변종을 서로, 또는 원종과
비교했을 경우에 발견할 수 있는 차이의 양이 같은
속의 종 사이에서 찾아볼 수 있는 차이보다도 훨씬
작다는 사실이다.

❗ **짤고 메시지**

'부익부 빈익빈' 혹은 '이긴 자가 모조리 먹는다(winner takes all)'는
승자독식 논리는 신약성서 마태복음 13장 12절과 25장 29절에서 최초로
제기되었고, 1960년 미국의 사회학자 로버트 머튼에 의해 인용되며 이른바
'마테 효과(Matthew Effect)'라는 경제학 용어로 진화되었다가, 결국 '강한
놈이 살아남는다'는 부정할 수 없는 인간사의 이치로 안착했다.
물론, 거기에 다윈도 한몫했다.

제 3 장

생존 경쟁

010

아름다운 적응

이제 막 변종으로의 변이를 시작한 발단종은 환경과
새로운 조건에 정교하고도 완벽하게 적응하기
시작한다. 그 결과 일부는 변종으로 남고, 또 일부는
완전한 별개의 종으로 변환한다. 왜 이런 차이가
생기는 걸까?
변이의 정도? 변이된 양의 차이? 중요한 것은
이것이 치열한 생존 경쟁(투쟁)의 결과라는 점이다.
다른 개체, 외부의 환경 등 다양한 조건에서 어렵게
투쟁해 살아남은 개체는 자신의 우수한 형질을
자손에게 물려주고, 그 자손은 더 유리한 생존의
기회를 갖게 된다. 그리고 이 과정에서 사소해
보이지만 지극히 유용한 변이가 보존된다.
나는 이것을 인간의 선택과 비교해 '자연 선택'이라
부르기로 했다.

자연 선택은 언제라도 작용할 수 있는 준비가 되어
있는 힘이며, 인간의 미약한 노력과는 비교할 수도
없을 정도로 큰 것이어서, 그것은 마치 '자연'의
업적과 '기능'의 업적을 비교하는 것과 같다.

❶ 짧고 메시지
우수한 형질을 자손에게 물려주어 그 자손이 더 유리한 생존의 기회를
갖게 되는 자연의 이치는, 우수한 자본을 자손에게 물려주어 그 자손이
더 우수한 자본력을 갖게 된다는 프랑스 사회학자 피에르 부르디외의
'아비투스(habitus)' 이론과 너무나 닮아 있다. 인간도 자연의 일부이니
어쩌면 당연한 건가 싶기도 하고….

011/

생존 경쟁(투쟁)이란?

살아있는 모든 유기체가 극한 경쟁에 노출되어
살고자 투쟁한다는 사실은 당연한 이야기처럼
들린다. 그래야 자연의 경제, 분포, 희귀성, 멸종과
변이라는 다양한 현상을 이해할 수 있다. 사막에서
자라는 선인장은 물기를 머금기 위해 투쟁하고,
들판을 뒤덮은 식물들은 다른 종류의 식물들과
경쟁하며, 겨우살이 식물들은 씨앗을 퍼트리기 위해
새에게 의존하고, 고운 목소리의 새들은 그들의 알과
둥지를 지키기 위해 맹수를 경계해야 한다.
이 모두가 생존 투쟁이다.
생존 투쟁이란 자연 속에서 개체로 존재하기 위한
노력이며, 그러기 위해 다른 존재에 의존하는 것도
포함하며, 자손을 남기기 위한 활동까지도 의미한다.

나는 생존 경쟁(투쟁)이라는 말이 하나의 생물이 다른 생물에 의존한다는 것, 개체가 사는 일뿐만 아니라 자손을 남기는 일에 성공한다는 것(이것은 더욱 중요한 일이다)을 내포하고 있으며, 넓은 의미에서 또 비유적인 의미로도 쓰인다는 점을 미리 말해 두겠다.

❗ 짤고 메시지
산다는 것, 생명을 유지하고 자손을 남긴다는 것은 무수한 투쟁의 결과다.
스스로의 노력뿐 아니라 온 우주가 도와야 가능한 일이기도 하다.
겨우살이풀처럼 인간도 그러하다.

012/

자연계의 맬서스 원리

경제학자 토머스 맬서스(*Thomas bert Malthus,*
1766~1834)에 따르면, 인구는 기하급수적으로
증가하고 식량은 산술급수적으로 증가하여 인류는
기아의 위기를 맞게 되리라 하였다. 자연계에도
맬서스의 원리가 적용된다. 모든 유기체들은
빠르게 증가하는 경향이 있다. 그런데 왜 온 지구가
기하급수적으로 늘어난 동식물에 뒤덮이지 않은
것일까? 치열한 생존 투쟁의 과정을 거치는 동안,
자연계 내에서 스스로 개체수를 조절하는 일련의
자정 작용이 벌어지기 때문이다. 기후, 먹이,
먹이사슬, 전염병 등의 원인이 여기에 영향을 미친다.
지리적 위치에 따른 기후의 다양성, 환경이 제공하는
먹이의 양, 천적의 존재와 경쟁자의 유무는 유기체의
생존에 끊임없이 관여하며, 개체수 조절뿐 아니라
종의 소멸까지도 불러온다.

생존할 수 있는 수보다 더 많은 개체가 탄생하기
때문에 모든 경우에 있어서 어떤 개체와 같은
종의 다른 개체 사이에, 또는 다른 종의 개체와의
사이에, 또는 생활의 물리적 조건과의 사이에
생존 경쟁(투쟁)이 당연히 일어나게 된다. 이것은
맬서스의 학설을 확대시켜 모든 동식물계에
적용된다.

❶ 짧고 메시지
제발 전 세계를 팬데믹의 공포로 몰아넣은 코로나 바이러스의 대유행이
자연이 스스로를 지키기 위한 자정 작용의 결과가 아니길 진심으로 바랄
뿐이다.

013

대립과 상호 관계

유기체들 사이의 대립과 상호 관계는 매우
복잡하고도 예측 불가능하다. 예를 들어 보겠다.
25년 동안 울타리로 둘러싸인 너른 땅에 유럽
소나무가 심겨 있다. 새와 소, 야생의 동물들이
활발히 왕래했던 땅과 이 울타리 안의 땅은 어떻게
다를까? 울타리가 쳐지지 않은 땅에 비해 유럽
소나무는 더욱 **빽빽**하게 자라 있었다. 울타리를 쳐서
소의 출입을 막았을 뿐인데 말이다. 소나무가 군락을
이루기까지, 소나무는 동종의 소나무와 경쟁할
뿐 아니라 외부의 소가 미치는 영향으로부터도
보호받았다. 따라서 무한 경쟁에 내몰린 땅에 비해
더욱 훌륭한 소나무 군락을 형성할 수 있었다.
식물-곤충-새-소로 이어지는 연쇄는 어떤가?
서로의 먹이가 되는 이 복잡한 연쇄는 단순해
보이지만 지금도 자연계에서 끊임없이 벌어지고
있는 생존 투쟁이다.

자연계의 상호 관계가 늘 단순한 것은 아니다. 극히 하찮은 일이 가끔 어떤 생물로 하여금 다른 생물에 대하여 승리를 거두게 하는 일이 있기는 하지만, 자연의 면모는 오랜 세월을 두고 볼 때 항상 같아 보인다.

❗ 짧고 메시지

현재의 자연계에서 최상위 포식자는 인간이다. 인간은 매년 800만 톤 이상의 플라스틱을 바다에 버리고 있다. 이 상태라면 2050년에는 지구의 바닷속에는 물고기보다 더 많은 플라스틱이 있게 될 것이다. 그 많은 플라스틱이 다시 인간에게 돌아오는 데 그리 긴 시간이 필요하진 않을 것 같다.

014/

복잡한 관계망

생존 투쟁은 일반적으로 동종의 개체들 사이에서
가장 치열하다. 동일한 지역에서 서식하며 같은
먹이를 두고 다투고 비슷한 위험에 노출되기
때문이다. 변종들 역시 마찬가지다. 동일한 속에
속한 종이라면 대개 비슷한 습성과 체질, 구조를
갖고 있기에 다른 속에 속한 종들보다 더욱 치열하게
경쟁할 수밖에 없다.

자연의 위계에서 멀리 떨어져 있는 존재들 간에도
생존 투쟁은 존재한다. 제비꽃의 수정에 꼭 필요한
땅벌, 땅벌의 벌집을 파괴하는 들쥐, 들쥐를 잡아먹는
고양이처럼, 그들은 상당히 먼 존재임에도 서로의
생존에 복잡하게 관계한다. 그러므로 어떤 한
유기체에게만 이로운 완벽한 특징이나 조건 같은
것은 존재할 수 없다.

우리가 할 수 있는 것은 어느 생물이건
기하급수적인 비율로 증가한다는 것과,
각 생물은 그 일생의 어느 시기, 1년의 어느 계절,
각 세대, 혹은 가끔 생존을 위해 경쟁해야 하고
파멸해야 한다는 사실을 굳게 마음속에 새겨두는
일뿐이다.

❗ 짧고 메시지

케빈 베이컨의 6단계 법칙(The Six Degrees of Kevin Bacon)이라는
게 있다. 6단계만 거치면 세상 사람 모두가 연결된다는 법칙이다. 실제로
마이크로소프트(MS)의 2006년 실험에 따르면, 무작위로 추출한 한 쌍의
커플이 평균 6.6명을 거치면 서로 연결된다는 사실을 증명했다. 생각보다
세상은 좁고 관계는 복잡하다.

제 4 장

자연 선택
또는
최적자 생존

015

자연 선택이란?

사육과 재배라는 인간의 힘이 미치는 환경에서
유기체는 인간에게 유용한 방향으로 변이를 거쳐
변종을 만들어낸다. 그렇다면 자연에서는 어떨까?
자연 상태의 유기체들이 제각각 유용한 변이를 거쳐
그 특징을 자자손손 계승한다는 논리는 당연하다.
사소하더라도 이로운 특징을 획득한 개체는 더 높은
생존 기회를 얻을 것이고, 번식에도 더욱 유리한
고지를 차지할 것이다. 그 와중에 생존과 번식에
유해한 형질은 차차 상실될 것이다.

이와 같이 유리한 개체적 차이의 변이와 보존 및
유해한 변이의 제거를 나는 '자연 선택' 또는 '최적자
생존'이라고 부른다.

❗ 짧고 메시지

장 바티스트 라마르크(Jean-Baptiste Lamarck)의 '용불용설'에 의하면
기린은 높은 가지 위의 잎을 먹기 위해 목이 길어졌다고 했다. 하지만 이를
다윈의 이론에 따르면, 목이 긴 기린과 목이 짧은 기린이 공존했고, 그 중
생존에 유리한 목이 긴 기린이 살아남아 현재의 기린이 되었다는 주장이다.
이것이 자연 선택이다. 하지만 다윈이 기린의 목을 자연 선택의 예로 든
적은 없다.

016

자연 선택의 작용

자연 선택을 이해할 수 있는 예를 하나 들겠다.
가령 급격한 기후 변화가 발생하고 있는 지역의
서식 생물들은 기후의 영향을 직접적으로 받게 된다.
동식물의 수가 변화할 것이고, 어떤 동식물들은
멸절할 수도 있다. 지리적 경계 또한 비슷한 변화를
몰고 온다. 고립되어 있던 지역의 경계가 허물어질
때, 새로운 동식물의 이주는 기존 토착종들을
밀어내고 새롭게 영역을 넓힌다. 이때 모든 생물은
힘의 균형을 유지하기 위해 치열한 생존 투쟁을
벌이고, 이 과정에서 이점을 축적한 개체들만이
살아남아 그 지역을 평정하게 된다. 이것이 자연
선택이다.

인간이 단순히 개체적 차이를 어느 일정한 방향으로 쌓아올림으로써 틀림없이 큰 성과를 올리듯이 자연도 그렇게 할 수 있다. 게다가 이 경우 비교도 안 될 정도로 긴 시간 동안 이루어지기 때문에 훨씬 쉽다.

❗ 짧고 메시지

인간이 자연 선택에 개입한 예가 있다. 코끼리의 상아는 다른 동물들의 발톱만큼이나 중요한 기관이다. 그러나 인간이 돈벌이를 위해 상아가 있는 코끼리를 밀렵하기 시작하면서, 현재는 상아가 없는 코끼리의 출생 비율이 높아졌다. 인간의 밀렵이라는 외적 환경이 상아가 있는 코끼리의 개체수 감소에 영향을 미쳤다는 얘기다.

017 /

인간의 선택과 자연의 선택

종의 변이에 있어 인간이 행하는 선택은 더 유용한
것, 더 신기한 것에 집중한다. 대개는 통제 가능한
수준에서 진행되는 변이이고, 그렇게 선택된 형질에
대해 진정한 고민 없이 즐길 뿐이다. 반면 자연은
다르다. 미묘한 변이는 자연계를 생존 투쟁의
장으로 전환시키며, 그 엄혹한 과정을 통해 대물림된
결과물이다. 여기엔 '시간의 손(*hand of time*)'이
관여한다. 오랜 시간 동안 서서히 어루만져진
변이는 당장 인간의 눈에 띄진 않지만, 분명 지금
이 시간에도 진행되고 있다. 우리가 알 수 있는
사실은, 현재의 생명 형태가 예전의 그것과 다르다는
사실뿐이다.

인간은 방법적 및 무의식적 선택의 수단에 의해
위대한 결과를 거둘 수 있고, 또한 거두어왔는데도
자연이 그것을 못할 리가 있겠는가?

❗ **짧고 메시지**

인간의 개입으로 자연의 질서가 교란된 또 다른 예는, 모기와 바퀴벌레에서
찾아볼 수 있다. 모기는 인간에게 퇴치당하지 않기 위해 날갯짓 소리가
인간의 가청 범위 밖으로 벗어나는 양상을 보이고, 바퀴벌레는 인간이
바퀴벌레 박멸 약에 타는 단맛을 피해 점점 더 단맛을 좋아하지 않는
개체들로 진화하고 있다.

018/

사소한 것은 없다

가만히 자연을 관찰해보면 식물의 잎을 먹는 곤충은
녹색을 띠고, 나무껍질을 먹고 사는 동물은 흡사
나무색과 비슷하다. 우리가 보호색이라 알고 있는
이것들에도 분명 이유가 있다. 작고 사소해 보이는
형질이지만 이 작은 차이가 종의 생존에 분명 어떤
영향을 미치기 때문일 것이다. 이 연관 성장의
법칙은 생명체들이 천적들과 투쟁을 벌이는 동안
이롭게 작용할 것이고, 그런 이유로 자연 선택을
통해 누적될 것이다.

상호 관계의 법칙(연관 성장의 법칙)에 의해서
어떤 부분이 변이하여 그 변이가 자연 선택에 의해
축적될 때, 때때로 의외의 성질을 가진 다른 변이가
생겨난다는 것을 고려하지 않으면 안 된다.

❗ **짧고 메시지**
자연은 다 계획이 있구나!

019

자연 선택의 힘

자연 선택을 통해 획득한 형질은 적절한 시기에
모습을 드러낸다. 오직 알을 깨는 데 단 한 번
사용되는 새 부리의 단단한 끝이 그렇고, 고치를
여는 데 딱 한 번 사용되는 어떤 곤충의 커다란
아래턱도 그렇다. 나머지 생애 동안 전혀 쓸모 없어
보이는 형질이지만, 이 형질은 알을 깨거나 고치를
열고 세상에 모습을 드러내는 데 꼭 필요하다. 이런
형질은 축적된 변이의 결과이며, 대물림을 통해 자손
세대로 이어진다. 자연 선택을 통해 갖춰진 형질은
개체의 이익과 전체 군집의 이익을 위한 선택이고,
이 원칙을 벗어나는 경우는 없다.

자연 선택이 할 수 없는 일은 어떤 종의 구조를
그 종 자체에 아무런 이익도 주지 않고 다른 종의
이익을 위해 변화시키는 일이다. 그런 기록이
박물학 서적에 실려 있지만, 연구할 만한 가치가
있는 것은 하나도 발견하지 못했다.

❗ 짧고 메시지

이 대목에 이르면 리처드 도킨스(Richard, Dawkins)가 주장한 '이기적
유전자'에 수긍하게 된다. 과연 생명체, 특히 인간은 유전자의 지배를 받는
'생존 기계'에 불과한 것인가.

020/

성선택이란?

인간이 교배나 교접을 통해 특이한 동식물의 형질을
만들어내듯 대물림의 원칙은 자연에서도 통용된다.
여기서 작동하는 것이 성선택이다. 성선택이란
자연계에서 자손을 번식시키기에 최적의 조건을
가진 수컷과 암컷이 선택받고 선택하는 원리다. 가장
힘이 센 수컷, 아름답거나 건강한 수컷은 더 많은
자손을 남길 수 있다. 이때 수컷이 지녀야 할 특징은
'어떤 특별한 무기'다. 예를 들어, 크고 아름다운
수사슴의 뿔, 수탉의 건강한 발톱은 성선택의 유리한
조건이다. 사자의 갈기, 수퇘지의 어깨패드, 수컷
연어의 갈고리 모양 턱도 마찬가지다. 이런 특징은
특히 일부다처 습성이 있는 동물의 수컷 사이에서
더욱 필요하다.

성선택은 다른 생물 또는 외면적 조건과 관련된
생존 경쟁에 의존하는 것이 아니라 한쪽 성,
즉 대개 수컷 개체 사이에 이성을 소유하려고 하는
경쟁에 의해 일어난다. 그 결과로 패배한 경쟁자는
반드시 죽지는 않지만, 그 패배자는 자손을
조금밖에 남기지 못하거나 또는 전혀 남기지
못하는 것이다.

❗ 짤고 메시지

이것은 마치 연예 프로그램의 이상형 게임과 비슷하다. 공유가 좋아?
현빈이 좋아? 둘 다 좋으면 어쩌라는 거지?

021/

자연 선택이 작용하는 예

들판에 늑대가 있다. 늑대는 자신보다 약한 동물들을
잡아먹는다. 어느 계절, 유독 한 지역에서 발 빠른
사슴의 개체수가 증가했다고 가정해보자. 당연히
빠른 사슴을 사냥할 수 있는 더 재빠르고 날씬한
늑대들이 생존할 가능성이 높을 것이다. 민첩성을
갖춘 늑대는 사냥으로 인한 생존뿐 아니라 자손을
남길 확률 역시도 더 높다. 그리고 그렇게 살아남은
늑대의 자손들은 부모 늑대의 민첩함이나 습성,
구조를 물려받을 것이다. 이 과정의 반복은 부모
세대의 형태를 대체하거나 부모 형태와 공존하는
새로운 변종을 낳는다.

식물의 예도 있다. 달콤한 꿀을 다량 생산해내는
꽃은 곤충들의 사랑을 받는다. 이런 꽃들은 곤충에
의해 더 자주 교배되고, 당연히 더 많은 자손을 남겨
번성할 수 있다. 이 과정에서 곤충은 더 많은 꿀을
채집하기 위해 환경에 적응하게 될 것이다. 꿀을
빠는 주둥이가 길어지는 식으로.

자연 선택은 보존된 생물에게 모두 유리한, 극히
미미한 유전적 변화의 보전과 축적에 의해서만이
작용할 수 있다. 그리고 현대의 지질학이 거대한
골짜기가 단 한 번의 큰 홍수로 패었다는 견해를
추방시킨 것처럼, 자연 선택도 새로운 생물의
구조가 급격한 변화를 일으켜 왔다는 신념을
추방하고 말 것이다.

❗ 짧고 메시지

생명체는 신에 의해 제각각, 계속적으로 창조된 것이 아니다. 또한
갑작스럽게 변화하지도 않는다. 오직 자연 선택의 지난한 과정을 거칠
뿐이다.

022

교배의 신비

암수로 성이 나뉜 동식물의 경우, 자손을 낳으려면
반드시 두 개체가 교배해야 한다. 그렇다면 암수한몸
동식물은 어떻게 교배가 이뤄지는 걸까? 잠시
본론으로부터 벗어나 교배에 대해 알아보자.
교배는 대체적으로 서로 다른 변종들 사이에서,
또는 동일한 변종이지만 혈통이 다를 경우 더욱
왕성하게 이뤄진다. 그래야 자손들에게 활력과
생식 능력을 제공할 수 있다. 따라서 다른 개체와의
교배가 자연의 법칙이라고 생각한다. 그렇다면
암수한몸 동식물은 어떨까? 대다수의 식물은
암수한몸이다. 하지만 암수한몸 식물들 역시 자가
수정보다는 교배를 선택한다. 암술과 꽃가루가 한
줄기에서 자란 경우에도 암술은 자신의 화분을
받기보다 다른 개체의 화분을 선택한다. 암수한몸인
동물도 마찬가지다. 암수한몸인 지렁이나 연체동물
역시 모두 짝짓기를 한다. 교미 외에는 교배가
일어날 방법이 없기 때문이다. 심지어 만각류처럼
자가 수정을 하는 암수한몸이라 하더라도 그
암수한몸들끼리 서로 교배를 한다.

동식물에서는 다른 개체 사이에 때때로 교배가
이루어진다는 사실은 비록 보편적인 것은
아닐지라도 지극히 일반적인 법칙인 것처럼
여겨진다.

❗ 짧고 메시지
교배는 생명체의 본능이다. 심지어 암수한몸인 동식물조차 생존과 번식을
위해 교배(!)한다. 하지만 현대에 와서 교배의 개념은 조금 달라졌다.
인간은 더욱 맛있는 한우를 얻기 위해 한정된 '보증씨수소'의 정액을
인공수정해 우리가 알고 있는 '한우'를 만들기도 한다. 고로, 우리가 알고
있는 한우에 '자연 교배'란 없다.

023

자연 선택에 유리한 환경

세상 모든 생명체가 똑같은 환경에 놓여 있지는
않다. 따라서 자연 선택이 발생하는 환경 역시
개체에 따라 다르다. 그렇다면 어떤 환경이 자연
선택에 유리할까? 첫 번째는 개체수에 주목해야
한다. 개체수가 많은 생명체는 한정된 시간 내에
유리한 변이를 일으킬 확률이 높다. 변이란 굉장히
더디게 일어난다. 무한하지 않은 시간의 제약 안에서,
느리지만 차근차근 변이를 이어갈 수 있는 다량의
개체수는 분명 강점으로 작용한다.

교배 또한 중요한 요소다. 자연계에서 교배는 개체의
변이된 형질을 이어갈 수 있는 강력한 힘이다.
그러니 교배의 빈도와 상관없이, 번식을 위해 교배할
수 있는 종들은 자연 선택을 통해 형질의 통일성을
대물림할 수 있다.

격리 또한 자연 선택의 과정에서 중요한 요소다.
공간적 격리 상태에서 생활하는 개체들은 억제된
이주, 덜 치열한 경쟁을 통해 변이에 영향을 받게 될
것이다.

결론적으로 말해서, 격리된 작은 지역은 아마
어떤 점에서 새로운 종의 육성을 위해 대단히
적합할 것이다. 그러나 그것보다 더욱 중요한
것은 일반적으로 큰 지역에서 성장하여 이미
수많은 경쟁자를 물리친 새로운 생물이 가장 넓게
분포하며, 가장 많은 변종이나 종을 낳음으로써
생물계 변화의 역사에서 중요한 역할을 한다는
사실이다.

❶ 짧고 메시지

대륙도인 호주나 뉴질랜드에 토착종이 많은 이유는 격리와 단절
때문이다. 반면 유라시아에 이르는 광활한 분포지를 갖고 있는 종은,
경쟁은 치열할지언정 자연 선택에서는 더 유리한 고지를 점한다. 사람도
마찬가지다. '우물 안 개구리'라는 속담이 괜한 말은 아니다.

024

자연 선택의 느린 흐름

약 45억 년 전 생겨난 지구는 처음부터 지금까지
한 모습이 아니었다. 지면의 높이는 수차례 침강과
융기를 통해 변화했고, 대륙은 붙었다 떨어지는
지리적 활동을 했다. 기후 역시도 몇 차례의
빙하기를 거쳐 오늘에 이르렀다. 이러한 변화의
소용돌이에서 다양한 생물들은 가장 유리하거나
개량된 변종으로 살아남아 퍼져나갔다. 변화에
적응하지 못한 생명체는 멸절의 비극을 겪었다.
자연 선택은 이 모든 역사 속에서 매우 천천히
작동해 변이를 일으키고, 변종을 낳고, 새로운 종의
탄생을 가져왔다.

오랜 서식자 가운데 어떤 소수의 것이 변화됨에
따라서 그 밖의 다른 것들의 상호 관계가 교란되고,
이것은 한층 더 잘 적응된 형태에 의하여 곧
충만하게 될 새로운 장소를 창조해내지만,
이 모든 것은 매우 느리게 일어난다.

❗ 짤고 메시지

매일 보는 풍경에서 변화를 감지하기는 힘들다. 하지만 10년 전 사진을
꺼내 비교해보면 사정은 달라진다. 결국, 우리가 인지하고 못한다고 해서
변하지 않는 것은 아니라는 말씀.

025

멸절을 낳는 자연의 선택

모든 유기체의 운명이 기하급수적으로 증가해
영원불멸의 삶을 얻는 것은 아니다. 자연 선택의
과정에서 일부 종은 소멸의 길을 걷는다.
자연의 위계에서 멸절은 피할 수 없는 운명이다.
생존 투쟁에서 패배하거나 급격한 물리적 환경의
변화, 특히 근연 관계에 있는 종들과의 경쟁은
언제나 멸절을 불러오는 요소들이다. 시간의 흐름에
따라 새로운 종이 자연 선택을 통해 형성되고,
이 흐름에 끼지 못한 종들은 점점 희귀해져
결국은 사라진다.

어떤 새로운 변종이나 종은 그것이 형성되는 동안
가장 가까운 혈연의 것을 가장 심하게 압박하고
멸절의 길로 이끌어가는 것이 보통이다.

❗ **짧고 메시지**
멸절은 한 종의 끝이자 새로운 종의 시작이다. 그리고 그 단초는 가장
가까이에 있는 것에서 비롯된다. '적은 가까이에 있다'.

026

형질 분기의 원리

먼 옛날, 어떤 사람은 빨리 달리는 말을, 어떤 사람은
힘세고 몸집이 큰 말을 선호했다. 최초에는 말들
간의 차이는 아주 미미했을 것이다. 그러나 시간이
경과하면서 사육자의 구미에 맞춰 더 빠른 말, 더
힘센 말이 선택되었다. 결국 하나의 말에서 출발한
두 개의 아품종 말이 생겨났고 몇 세기가 흘러 두
아품종 말은 별개의 품종으로 정착하였을 것이다.
그 와중에 빠르지도 않고 힘이 세지도 않은 중간
형질의 말들은 열등한 말로 치부되어 사라질 것이다.
이것이 형질 분기의 원리가 작용한 예이다.
처음에는 거의 눈에 띄지 않는 형질들이 점점
축적되어 종래에는 그 품종으로부터 형질을
분기시키는 것. 이 원리는 자연계에도 효과적으로
적용된다.

수천 세대가 경과하는 동안에 가장 특수한 변종이
성공하여 수를 늘리는 데에서 가장 좋은 기회를
가짐으로써 그다지 특성이 없는 변종을 밀어낸다.
그리하여 변종은 서로 매우 특수한 것이 되었을 때
종의 지위를 차지하게 되는 것이다.

❗ 짤고 메시지

종에서 변종으로, 변종에서 새로운 종으로, 종에서 속으로 진화하는 중요한
원리, 형질 분기.

027 /

생명의 나무

형질 분기를 통해 유기체는 생존에 필요한 이익을
얻는다. 그리고 이 원리는 자연 선택과 멸절에도
관여한다. 한 그루의 커다란 나무를 상상해보라.
굵고 튼튼한 하나의 줄기에서 시작된 나무는 시간이
흐르는 동안 새로운 가지들을 만들어내 울창해진다.
자연도 마찬가지로, 공통 부모로부터 시작된 종이
크고 작은 변이를 거쳐 변종을 만들어내고,
이 과정에서 일어난 형질 분기는 새로운 종의
탄생, 새로운 속의 탄생으로 이어져 점점 다양하고
번성해진다. 모든 가지가 똑같은 속도로 성장하지
않는 것처럼, 가지들 역시 더 많은 가지를 치거나
뚝 끊겨 죽어버리기도 한다. 우리의 자연 역시
자연 선택의 과정을 거치는 동안 변화를 동반한
계승(진화)으로 이어지거나 멸절한다. 그렇게 자연은
먼 미래에까지 자손을 남기거나 전멸한다. 길게 뻗어
나간 가지가 새잎을 무성하게 매달고 성장하거나
옹이만을 남긴 채 끊겨버리는 것처럼. 이것이 자연
선택의 원리이고, 비유해보자면 '생명의 나무'이다.

현재 크고 우세하며 세력의 쇠퇴가 아주 적은
생물군은 오래도록 증가해가리라 예언할 수 있다.
그러나 어느 군이 최후의 승리자가 될 것인지는
아무도 예측할 수 없다. 왜냐하면 이전에 가장
번성했던 많은 군이 지금은 소멸해버렸다는
사실을 잘 알고 있기 때문이다. 나아가서 먼
앞날을 바라보면, 우리는 큰 군이 끊임없이
증가를 계속하기 때문에 다수의 작은 군은 완전히
절멸해버려 변화한 자손을 남기지 못하리라는 사실,
따라서 어떤 시기에 생존해 있던 종 가운데
먼 장래까지 자손을 남기는 자는 극히 적을
것이라는 사실을 예언할 수 있다.

❗ **짤고 메시지**

진화를 상상하는 방법, 생명의 나무 그리기.

028/

자연 선택에 대한 요약

자연 선택이란 개체에 발생한 유용한 변이가
대물림을 통해 자손으로 계승되는 보존의 원리이다.
이는 개체에 따라 성체 시기에, 또는 수정란이나
씨앗일 때 일어날 수 있다. 그리고 이 과정에서 더
강하고 많은 자손을 남기기 위해 성선택이라는
과정을 거친다. 여기서 탈락한 종들은 멸절의 운명을
맞닥뜨리게 된다. 이 복잡하고도 지난한 자연 선택은
결국 종으로 하여금 형질 분기가 일어나도록 하고,
다양한 유기체의 분류를 가능케 한다.
나는 이 유기체들의 유연관계를 거대한 생명의
나무에 비유하고 싶다. 하나의 조그마한 싹이 강한
생명력을 얻어 사방팔방으로 가지를 뻗어가거나,
이 틈에 떨어져 버리는 연약한 가지들이 생길 수도
있다. 싹이 튼 잔가지는 현존하는 종이고, 떨어진
가지는 멸절한 종일 것이다. 종과 변종들이 생존을
위한 거대한 전투를 벌이듯 작은 이파리들 역시
그렇게 살아남는다.

싹은 성장하여 새로운 싹을 낳고
이 새싹의 세력이 강하면 모든 방향으로 갈라져
나가 그보다 가냘픈 수많은 가지를 멸망시키듯이,
거대한 '생명의 나무'도 세대를 거듭하며 시들어
떨어진 가지로 지각(地殼)을 채우고, 분기를
계속하는 아름다운 가지들로 지표(地表)를 덮고
있다고 나는 믿는다.

❗ **짤고 메시지**
자연 선택. 때론 가혹하고 아름다운 투쟁.

제 5 장

변이의 법칙

029/

변이의 외부 조건

유기체에게 변이란 아주 미세한 편차로부터
비롯된다. 그것은 아마도 수많은 세대에 걸쳐 먼
조상으로부터 축적된 작은 구조적 편차의 결과일
것이다. 나는 변이에 영향을 미치는 중요한 구조 중
하나가 유기체의 생식계라고 믿는다. 생식계에서
일어난 문제가 어떻게 변이로 이어지는지 정확히
알 수는 없지만, 몇몇 원인을 추측해볼 수는 있다.
아마도 기후와 음식 등은 복잡하고도 놀라운 구조적
변화를 만들어내는 직접적 요소는 아닐 것이다.
확연히 다른 생활 환경 조건 아래서 탄생한 동일한
변종, 반면 동일한 환경 속 같은 종에서 태어난 다른
변종들의 존재를 관찰해보면 알 수 있다. 생활 환경
조건은 생식계에 간접적인 영향력을 행사해 변이를
유도할 수 있지만, 그것이 변종으로 이어지려면
오랜 시간 동안 자연 선택을 통한 변이가
누적되어야만 한다.

나는 생활 조건이 직접적인 작용을 미친다는 사실에
대해 그리 중요성을 인정하지 않는 견해 쪽으로
기울고 있다.

❗ 짤고 메시지
티끌 모아 태산!

030

사용 및 불용이 미치는 영향

사용할수록 크고 강해지고 사용하지 않을수록
퇴화한다는 사용과 불용의 원리는 유기체에도
적용된다. 타조는 커다란 몸집과 날개를 가졌지만
두 발로 뛰어다니는 새다. 위험이 닥쳤을 때는
날개를 사용해 도망가기보다 발길질로 적을
위협한다. 세대를 거듭하며 축적된 자연 선택이
타조의 크기와 몸무게를 증가시킨 반면, 날개를
퇴화시켜 날지 못하게 만들었다고 생각한다.
계속된 불용의 결과가 타조의 날개인 셈이다.
땅속에 구멍을 파고 사는 설치류나 두더지의 눈이
제 기능을 못하는 것도 마찬가지 이유다. 어두운
땅속에서 눈을 사용할 일이 적었다면 눈은 퇴화하는
쪽으로 변이할 것이다. 그리고 자연 선택은 이러한
불용의 효과를 도울 것이다.
더불어 자연 선택은 눈이 머는 것에 대한 보상으로
더듬이나 촉수의 길이를 증가시키는 등의 다른
변화에 영향을 미치게 될 것이다.

그러고 보면 자연 선택은 불용의 작용을 끊임없이 돕고 있는 셈이다.

❗ 짧고 메시지

"아끼다 똥 된다"는 우스갯소리를 기억하라. 무엇이든 사용하지 않으면 제 기능을 잃게 마련이다.

031

풍토화라는 적응

풍토화란 유기체들이 현재의 기후와 땅에 적응해
살아갈 수 있게 하는 습성이다. 많은 동식물들은
자연 상태에서 특수한 기후에 노출되어 제한된
영역에서 살게 된다. 극지방의 동물을 적도 인근에서
발견할 수 없고, 히말라야 꼭대기의 식물이
아랫지방에서 생존하기 어려운 이유다.
반면 유사 이래 온대에서 한대로, 또는 그 반대로
광활하게 분포 영역을 확장했던 종들도 있다. 어떻게
이런 일이 가능했을까? 나는 대부분의 동물들이
공통적으로 유연한 체질을 타고났다고 생각한다.
인간이 추위와 더위를 견딜 수 있듯, 빙하기를 거쳐
온 코끼리가 현재는 열대나 아열대 기후에서 살
수도 있다. 이렇듯 습성과 체질은 종에 따라 다르게
발현되고 자연 선택되었다고 생각한다.

변이의 법칙

습성과 사용 및 불용은 어느 경우에도 체질의
변화나 여러 가지 기관 구조의 변화에 큰 역할을
해왔으나, 그 작용은 때때로 선천적인 변이의 자연
선택과 결합하여 나타나기도 하고, 또 때로는 그에
압도되는 수도 있다.

❗ 짤고 메시지
"내 속엔 내가 너무도 많아" 가늠할 수 없는 다양한 요인들이 쌓여 현재의
나를 만든다. 그렇다면 "내 속에 우주가 있다"고 해도 허언은 아니다.

85

032

긴밀한 연관, 보상과 절약

유기체의 전체 조직은 매우 긴밀하게 연관되어 있다.
어느 한 부분에 조그만 변이가 일어나 이것이 자연
선택을 통해 누적되면 다른 부분 또한 변화한다.
이것이 상관 변이, 또는 연관 성장이다. 특히 발생
기원이 같은 상동 기관들은 서로 연관되어 변이한다.
푸른색 눈을 가진 고양이가 난청인 경우가 그렇다.
연관 성장의 법칙은 유기체의 중요한 구조를
변화시키는 데 큰 영향력을 행사한다.

연관 성장의 법칙은 때때로 종 전체의 구조에서
발견되어 대물림의 결과와 혼동되기도 한다.
그러나 긴 시간 축적된 자연 선택의 작용은 특정 목
전체에서 발견되므로 연관 성장보다는 자연 선택의
작용이라 이해해야 할 것이다.

성장의 균형, 보상의 법칙이란 관점도 연관
성장과 비교해볼 만하다. 가능한 적은 영양분으로
생존하려는 유기체의 노력, 그로 인해 다른 조직이
영향을 받는다는 이 원리는 연관 성장의 법칙보다는
자연 선택을 통해 채택된 결과라고 믿는다.

나는 자연 선택이란 체제의 어느 부분이건 쓸모없게
되었을 때는 어떤 방법으로든 그에 상응하는 정도로
다른 부분을 발달시키는 것이 아니라, 장시간에
거쳐 그것을 축소시키고 절약하는 일에 마침내
성공하는 것이라고 확신한다. 또 그와 반대로, 자연
선택은 어느 기관을 발달시키는데 그에 인접한
다른 기관의 축소를 필연적인 보상으로서 요구하지
않는다 해도 충분한 성공을 거둘 수 있다는 점을
믿고 있다.

❗ 짧고 메시지

관계란 언제나 상호 보완적이지 않다. 주고받는 양이 정확히 비례하지도
않는다. 자연도 그렇다. 요즘 우리 사회에서 유행하는 중고 거래도 일종의
자연 선택이라 부를 만하다. 쓸모 없는 것을 과감히 비우는 것은 감히
평화로운 일상을 만드는 길일 수도.

033

변이의 가능성

박쥐는 포유강에 속하는 동물이지만 이례적으로 날개를 지니고 있다. 다양한 박쥐종 모두가 날개를 가지고 있다는 사실은, 날개라는 기관이 오랜 시간 자연 선택을 통해 대물림된 흔적임을 알려준다. 이런 기관은 이후로도 오랫동안 존재할 것이다. 그리고 박쥐의 다른 어떤 구조보다도 많은 변이가 일어나지 않을 것이다. 이미 충분한 시간 동안 변이를 거쳐 고착된 종의 형질이기 때문이다. 한편, 종의 형질 중 생리학적 중요성이 덜하거나 속의 형질이었다가 종의 형질로 가치가 하락한 경우, 변이는 쉬워지고 많아진다.

자연 선택은 제각기 다른 습성에 길들여진 여러 종들을 정확히 똑같은 방식으로 변화시키지 않는다. 변이의 가능성은 하위 종일수록 가변성이 크고, 종의 형질로 굳어질 경우 낮아지고, 이차 성징일 경우는 변이성이 더 커진다. 이러한 원리들은 서로 긴밀히 연결되어 있다.

어떤 종의 이상 발달된 부분은 이 종과 연고가 있는
종의 그와 똑같은 부분에 비해 아주 변이하기 쉬운
경향이 있다.

❗ 짧고 메시지

최근 전 세계를 강타하고 있는 코로나 바이러스는 미세한 변이로 인해 백신
개발에 어려움을 겪었었다. 하지만 '소 잃고 외양간 고친다'는 속담처럼,
외양간을 고쳐야 다음번에 소를 잃을 가능성은 낮아진다. 바이러스의
변이는 어려운 숙제이지만, 피할 수 없는 현실이기도 하다.

034

형질의 복귀

유기체가 그 조상으로부터 물려받는 것은 크게 두
가지다. 동일한 체질과 변이하려는 경향성. 여기에
놀라운 비밀이 숨어 있다. 어떤 품종이 다른 품종과
단 한 번 교배했다고 가정하자. 그리고 이후 수십
세대가 흘렀다. 이때 단 한 번 교배된 조상 종의
형질이 자손에게서 나타나는 경우가 있다. 격세
유전이라 하기에도 애매한 이것은 자손을 거듭하며
숨어 있던 형질이 드디어 나타난 것일까? 아니다.
알 수는 없으나 분명 어떤 유리한 조건을 만나 그
형질이 마침내 활성화되었기 때문일 것이다. 사라진
줄 알았던 조상의 형질로 복귀한 것이다.
혹은 과거와 유사하지만 새롭게 발현된 변이로도
볼 수 있다. 실제로 자연계에서는 이러한 변이들이
종종 발견된다. 때문에 변이가 심한 종은 분류에
어려움을 겪고, 종인지 변종인지, 또는 아품종인지
헷갈리는 경우가 있다.

다른 종 사이에 유사한 변이를 나타내는 일, 그리고
한 종의 변종이 때때로 혈연이 가까운 종의 어느
형질을 지니거나 또는 옛 조상의 어느 형질로
되돌아가는 일이 일어난다.

❗ **짤고 메시지**

인간에게도 과거 조상의 형질이 다시금 나타나는 '격세유전'이라는 것이
있다. 격세유전에 대해 우리가 알고 있는 대표적인 오류가 탈모다. 대를
걸러 자손에게 나타나고, 특히 남성에서 나타난다고 잘못 알려져
있다. 탈모는 유전적 영향 외에도 환경적 요인에 의해 발현될 수 있으며,
여성에게서도 발견된다.

035

변이의 법칙에 대하여

우리가 알 수 있는 변이의 법칙은 아직 무척
제한되어 있다. 하지만 내가 찾아낸 몇 가지를
정리해보겠다. 기후나 음식 등 생활 환경의 외부적인
조건은 변이의 주요한 원인이 아니다. 대신 체질적
차이를 발생시키는 습성, 기관을 강화시키거나
축소시키는 사용과 불용은 꽤나 강력한 힘을
발휘한다고 생각한다. 또한 종의 상동기관들은
동일한 방식으로 변이하는 경향이 있고, 서로
일관성을 가지는 경향도 있다. 연관 성장도 분명
영향을 미친다. 개체의 특수 형질은 일반 형질에
비교해 더 변이 가능성이 높고, 종의 형질은 속의
형질보다 더 변이하기 쉽다. 그리고 동일한 종은
때로 그들의 조상이 지녔던 형질로 복귀하기도 한다.
지금 내가 확신할 수 있는 것은 이 정도 법칙들이다.

말 속의 각개의 종이 독립적으로 창조된 것이라고 믿고 있는 사람은, 각각의 종이 자연계에서든 사육 재배하에서든, 모두 같은 속에 속하는 다른 종과 마찬가지로 줄무늬를 가지게 되는 특수한 양식으로 변이하는 경향을 부여받고 창조되었다고 주장할 것이며, 또 각 종은 세계의 멀리 떨어진 지역에 사는 종과 교배했을 때 자기 양친을 닮지 않고 같은 속에 속하는 다른 종을 닮은 줄무늬를 지닌 잡종이 되는 강한 경향을 부여받고 창조되었다고 주장할 것이다. 나에게는 이 견해를 인정하는 것이 불명확한 원인에 의하여 진실된 원인을 배척해 버리는 것처럼 여겨진다.

❗ 짤고 메시지

변이, 차이를 만들어내는 작지만 분명한 틈새.

제 6 장

학설의 난점

036

선제적 반론

제5장까지를 읽으며 아마도 몇 가지 이해하기
어려운 대목과 반론을 제기하고 싶은 부분들이
있었을 거다. 앞으로 나오는 장에서는 그 이야기를
하고 싶다. 첫 번째 질문은 이것이다. 만일 종이란
것이 눈에 띄지 않을 만큼 미세하고도 점진적인
과정을 통해 다른 종으로부터 생겨난 것이라면,
우리는 왜 이 전이 형태를 목격할 수 없는 걸까?
둘째, 완전히 다른 구조와 습성을 가진 동물로의
변이는 어떻게 가능할까? 그리고 전혀 쓸모 없어
보이는 기관과 완벽한 구조의 기관이 공존하는
이유는 무엇일까?
이 외에도 무수한 질문이 있을 수 있겠지만,
제6장에서는 이 문제들에 대한 나의 이론을
설명해보겠다.

자연 선택은 오직 유리한 변화를 보존하기 위해서만
작용한다.

❗ 짤고 메시지

다윈은 이 책을 읽은 반대론자와 독자의 질문에 선제적 설명 또한 덧붙이고
있다. 특히, 모든 생명체가 신의 창조물이어야 한다고 믿는 이들을 향한
조심스러운 설득에 주목할 것.

037

보이는 것이 전부는 아니다

자연 선택과 멸절이 반복되는 과정에서 과도기적
형태의 변종들은 생각보다 쉽게 눈에 띄지
않는다. 이 문제에 대해서는 우선 지질학적
기록의 불완전함에 대한 이해가 필요하다.
과도기적 변종들은 분명 지구 어딘가에 화석으로
남아있겠지만, 그 모두를 발견하고 표본으로
기록하기란 매우 어렵다. 그렇다면 지질학적 변화가
심하지 않거나 동일한 영역에서 생존한 중간종들은
왜 쉽게 발견되지 않을까? 우선, 종이란 정의된
대상이란 점이다. 중간 고리들이 뒤얽힌 혼돈의
존재가 아니다. 따라서 근연종이나 대표 종, 혹은
변종의 형태로 기존 종들과 연결되어 있었을 것이다.
그리고 역시 자연 선택과 멸절의 과정을 거쳤을
것이다. 따라서 긴 지구의 역사를 염두에 두고
상상해봤을 때, 종과 중간종들은 연결된 채 존재했을
것이다.

자연 선택의 과정이 조상형과 중간형을 연결하는
종을 끊임없이 절멸시키도록 확실히 작용해 왔다.
그리하여 그들이 존재했었다는 증거는 화석의 유물
속에서만 찾아볼 수 있다.

❗ 짤고 메시지

지구의 오랜 지질학적 변화는 종의 기원에 관한 비밀을 숨기고 있다. 과거
어느 시기에 존재했으나 지금은 사라진 종들의 역사를 깊고 두터운 퇴적물
속에 숨기고 있다.

038

특이한 습성과 구조의 개체

상상력과 과학적 지식이 부족한 이라면 육지의
육식 동물이 어떻게 물속에 사는 습성을 가진 수생
동물로 변화해 생존할 수 있었는지 의문을 제기할
수 있다. 하지만 발에 물갈퀴가 있고 꼬리의 형태가
수달과 유사한 북아메리카산 밍크를 보라. 이 동물은
여름 동안엔 물고기를 잡기 위해 물속에 들어가지만
긴 겨울 동안에는 다른 족제비들처럼 생쥐나 육서
동물을 잡아먹는다. 이처럼 변이의 중간적인 단계에
있는 동물은 빈번하지는 않지만 드물게 발견된다.
날다람쥐가 대표적이다. 꼬리의 기저부에까지
넓게 펴져 있는 날다람쥐의 피부는 낙하산과 같은
역할을 한다. 공기를 가로질러 활공할 수 있게 해
추락의 위험을 줄여주고, 더 빠르게 먹이를 모으거나
천적으로부터 도망치는 데 이롭다. 날다람쥐의 날개
비슷한 이 피부가 최적화된 구조인지는 아직 알 수
없지만 개체의 보존과 번식에 유용한 구조이자 자연
선택의 과정을 통해 누적된 완벽한 조직인 것은
분명하다.

옆구리의 피막(皮膜)이 점점 더 뚜렷하게 발달해
감에 따라, 이 변화는 언제나 유용하기 때문에
그것을 가진 개체는 늘 보존되고 번식하고, 그리고
자연 선택에서는 이러한 과정의 축적 작용에 의하여
마침내 완전한 날다람쥐가 생겨난다는 것이다.

❗ **짧고 메시지**

중간 단계를 알아채기란 사실 애매할 때가 많다. 휴대폰 속 사진첩을
열어보라. 특별한 순간들이 사진으로 남아있지만, 그 날들의 중간은
비어있기 일쑤다. 우리가 발견할 수 있는 중간 종의 존재 역시 그러하리라
짐작해 본다.

039/

동종이라고 다 같진 않다

습성이 먼저 변화해 구조를 변화시킨 것일까, 아니면
구조가 먼저 변화해 습성을 변화시킨 것일까? 아마도
이 둘은 거의 동시에 일어나는 것이 아닐까?
슴새(바다제비)는 분명 조류이지만 놀라운 잠수
능력과 수영 실력을 보여준다. 오리와 거위의 물갈퀴
발은 수영을 위해 형성된 조직이지만 고지대에
살며 절대로 물 근처에도 가지 않는 거위에게도
존재한다. 이런 예는 무수히 많다. 아마도 이들 종은
더욱 잘 살아남기 위해 이렇게 적응했을 것이다.
원래 자신의 서식지가 아닌 곳에서 다른 개체들의
자리를 빼앗기 위한 생존 투쟁의 결과일 수도 있고,
개체수를 늘리기 위한 고군분투의 역작일 수도 있다.
이런 경우 습성은 때로 그에 상응하는 구조의 변화를
동반하지 않는 경우도 있다. 거위의 물갈퀴 발처럼.

어느 생물이나 현재 우리의 눈에 보이는 그대로
창조되었다고 믿는 사람은 습성과 구조가 전혀
일치하지 않는 동물을 보고 놀라움을 느끼는 경우가
때때로 있을 것이다.

❗ **짤고 메시지**
한 배에서 나온 자식도 모두가 제각각이다. 습성도 구조도. 심지어
쌍둥이도 그러하다. 그러니 다름을 인정!

040

극도로 완벽한 기관들

일부 체절동물의 눈은 색소 물질로만 덮인 시신경이
있는 단순한 기관이다. 반면 척추동물의 눈은
미량의 빛에도 반응하는 예민하고도 완벽에 가까운
기관이다. 특히나 독수리의 완벽한 눈을 보라. 과연
체절동물로부터 독수리에 이르기까지 어떤 변이가
있었고, 우리는 왜 그 중간 단계의 눈들을 쉽게
발견하지 못하는 것일까? 나는 극도로 완벽해 보이는
눈 역시도 점진적인 변이, 오랜 시간 동안의 자연
선택, 대물림의 원칙에 따라 변화하였다고 믿는다.
하지만 점진적인 변이의 사례는 지구 바닥 끝의
화석을 뒤지지 않는 한 발견하기 어려울 것이고,
그 중간에 멸절한 무수한 종들을 고려하지 않고는
변화를 인정하기 어렵다. 그렇게 자연은 아무리
복잡한 기관이라도 아주 연속적이고도 사소한
변화를 통해 완성된다.

학설의 난점

생물에서는 변이가 가벼운 변화를 촉진시키고
생식이 그것을 무한히 증가시키며, 자연 선택이
각기 그 기능에 알맞도록 개량해간다.

❗ 짤고 메시지

생존에 필요한 기관은 무수히 많다. 그중 어느 것은 있으나마나 하고 또
어느 것은 신의 작품처럼 완벽에 가깝다. 하지만 완벽에 이르기까지, 그
주변에서는 무수한 멸절의 비극이 있었음을 잊지 말 것.

041/

점진적 전이, 혹은 이행

전이는 때로 전혀 상상하지 못한 기발한 방향으로
나아간다. 별개로 보이는 두 기관이 동일한
개체 내에서 같은 기능을 수행하는 예를 통해
살펴보자. 물고기의 아가미와 부레가 그렇다.
아가미로 호흡하는 물고기 중 일부는 부레 역시도
호흡기관으로 사용하는 예가 있다. 공기를 호흡하는
호흡관, 혈관이 발달한 격벽으로 나뉜 부레가 부유
기능과 호흡 기능을 함께하는 경우다. 부레는 구조나
위치로 볼 때 고등 척추동물의 허파와 상동이거나
완벽히 닮은 기관이다. 실제로 나는 진짜 허파를
갖고 있는 모든 척추동물이 고대에는 부유 장치인
부레를 갖고 있었고, 그로부터 내려왔다고 믿는다.
고등 척추동물에게 아가미는 이제는 완전히 사라진
기관이지만, 배(胚) 상태일 때 목 양쪽으로 갈라진
틈과 고리 모양으로 생긴 동맥은 예전 아가미의
위치와 흔적이라고 생각한다. 따라서 기관은
점진적으로 전이해 전혀 다른 기관으로 변환되거나,
기능은 갖지만 구조는 완전히 다른 기관으로
바뀌기도 한다.

연속적으로 일어나는 수많은 가벼운 변화에 의해서
생성되지 않은 어떤 복잡한 기관이 존재했다는
사실이 증명될 수 있다면, 나의 학설은 완전히
뒤엎어질 것이다. 그러나 나는 그러한 예를 하나도
발견할 수 없다.

❗ **짤고 메시지**

"내 안에 아가미 있다." 우스갯소리로 들리겠지만 인간종의 뿌리가
바다로부터 왔다면, 가능한 일이다. 양서류 이상의 육상 동물은 폐로
호흡하고 어류는 아가미나 부레로 호흡한다. 이때 예외는 개구리나 악어
같은 양서류와 파충류다. 이들은 폐로 호흡하지만 물 속에서도 숨을 쉴 수
있는 구조를 갖추고 있다.

042

자연은 도약하지 않는다

전이의 중간 상태를 상상하는 것은 몹시 어려운 일이다. 중간 단계에서 멸절한 생명체 모두를 확인할 수 없으니 더욱 그렇다. 자연은 눈에 보이지 않는 속도로 서서히 변이를 일으킨다. 하루아침에 새로운 종을 빚어내는 창조주가 아니다. 우리가 알고 있는 독립적인 개체들은 모두 그렇게 끊임없이 점진적인 변화로 연결된 존재들이다. 이쯤에서 오랜 박물학의 명제를 인용하겠다. "자연은 도약하지 않는다."(철학자 고트프리트 빌헬름 폰 라이프니츠의 이야기) 자연 선택은 그저 사소하고도 느린 변이들을 통해 작용할 뿐이다.

자연은 결코 비약(도약)하지 않고, 완만하게 한 발짝

한 발짝 전진해 나아갈 따름이다.

❗ 짧고 메시지

지구에서 가장 오래된 돌 44억 살. 가장 오래된 운석 45.7억 살. 지구의
나이는 적어도 46억 살. 무언가 변화를 감지하기엔 무지하게 긴 시간이다.

043

쓸모없어 보이는 기관들

변이의 조건은 유용성이다. 개체에 이로운 방향으로
자연 선택된다. 그렇다면 파리를 쫓는 데나 사용되는
별 쓸모없어 보이는 기린의 꼬리는 왜 아직도 당당히
살아남아 있는 것일까? 연관 성장? 성선택? 어떤
유용함이 있을까? 많은 구조들은 현재 각 개체의
생활 습성과는 직접적인 연관 관계가 없어도
존재한다. 거위의 물갈퀴발처럼. 하지만 먼 과거에는
달랐을 수도 있다. 거위의 조상들에게 물갈퀴발은
매우 유용했을 수도 있다. 다만 분명한 것은, 종은
다른 종의 이익을 위한 목적만으로는 자연 선택이
일어나지 않고, 오로지 그 개체의 이익을 위해서만
작용한다는 점이다. 현존하지만 전혀 쓸모없어
보이는 것조차도, 그것이 개체에 해로운 것이었다면
변화하거나 사라졌을 것이다.

자연 선택은 삶과 죽음에 의하여, 즉 최적자 생존에
의하여 작용되는 것이므로 나는 계속 변이하는
개체를 존속시키는데 그다지 중요하지 않은 부분이
어떻게 생겨났는지를 이해하기에 큰 곤란을 느낀
적이 있었다.

❗ 짤고 메시지

쓸모없는 것들은 사라진다. 자연의 엄혹함이다. 그럼에도 불구하고 아직
살아있다면, 어딘가 쓸모가 있거나 있었다는 반증이다.

044

절대적으로 완벽한 기관은 없다

자연 선택은 생존 투쟁을 벌여야 할 개체들을
각각 더 완전하게 만드는 경향이 있지만, 그렇다고
절대적으로 완벽한 개체나 기관을 만들지는 못한다.
말벌의 침은 다른 동물을 공격하는 무기이지만,
벌이 박힌 침을 도로 빼내려면 역방향으로 나 있는
갈퀴 모양의 구조 때문에 내장이 밖으로 쓸려 나와
죽고 만다. 오직 암컷을 찾기 위해 사용되는 수벌의
후각은 어떤가? 다른 목적에는 전혀 쓸모가 없고,
결국엔 부지런하고 불임인 일벌들에게 죽임을
당하는 수벌의 후각기관은 무슨 의미가 있을까?
자연 선택은 냉혹한 원리이다. 개체가 속한 집단의
이익에 유익하다면 살아남고, 그렇지 않다면
사라진다.

자연 선택은 절대적으로 완전한 것을 만들어내지는
않는다.

❶ 짤고 메시지

그 어디에도 '절대적인' 완벽함은 없다. 그래서 알아두어야 할 인간의
매너가 '관용(똘레랑스 tolérance)'이다. 타인의 입장과 권리를 인정하는
것. '매너가 사람을 만든다(Manners Maketh Man)'.

제 7 장

자연 선택설에
대한
여러 견해

045

변이의 동시성에 대한 의문

자연 선택에 대한 나의 주장에 여러 반론과 이견이
있었다. 이제 그들의 견해에 대해 답하겠다.
저명한 고생물학자 브론은 변종이 어떻게 그 원종과
나란히 생존할 수 있는가를 물었다. 또한 서로 다른
종은 단일한 형질뿐 아니라 여러 부분에서 다르다고
주장한다. 따라서 체제의 많은 부분이 어떻게 변이와
자연 선택을 통해 항상 동시에 변화하는가라고
묻는다. 우선 영구적인 변종과 원종은 서식지와
환경에 적응해 공존할 수 있다는 사실을 밝혀둔다.
그리고 동시에 일어난 것처럼 보이는 변이가 오랜
시간 연속적으로 발생해 대물림되었다는 사실을
다시 한번 강조하고 싶다. 더 구체적 증거는 인간의
인위적 선택에 의해 변화된 사육 품종의 동식물에서
발견할 수 있을 것이다. 조금씩 변화 개량된 품종이
현재의 그레이하운드(개의 한 품종)에 이르렀음을
기억하자.

어떤 생물이든지 모든 부분이 동시에 변화했다고
생각할 필요는 없다. 어떤 목적에 특별히 잘 적응한
지극히 뚜렷한 변화는, 먼저 한 부분에서 다른
부분으로 조금씩 연속적으로 일어나는 변이에 의해
얻어진다.

❗ **짤고 메시지**
<종의 기원>의 6판이 출간되기까지, 많은 박물학자들은 가치의 혼돈을
경험했다. 제7장에서는 '자연 선택 이론'에 대한 그들의 질문에 다윈이
답한다.

046

모든 형질이 자연 선택되지는 않는다

브론과 최근에 브로카가 제기한 질문은 더욱
구체적이다. 동식물의 많은 형질이 사실은 그
소유자에게 별반 중요하지 않기 때문에 자연
선택의 영향을 받을 리 없다는 견해다. 그러면서
토끼와 생쥐의 꼬리 길이, 조직 세포의 배열과 식물
줄기에 달린 잎의 배열을 예로 들었다. 여기에
답하겠다. 우선, 종에 있어 어떤 구조가 현재와
과거에 얼마나 유용한지를 결정하는데 신중해야
한다. 그리고 변화의 선후 관계, 아직 이해할 수
없지만 신비한 상관 관계로 이어져 있음을 명심하자.
그리고 마지막으로 생명체 스스로의 자발적 변이를
고려해야 한다.
생명체의 자발적 변이성은 퇴화가 아닌 성장을
향해 나아가는 법칙이다. 어떤 형질이 종의 번영에
중요하지 않다면, 그것은 퇴화와 소멸의 수순을 밟게
될 것이다. 사소한 형태학상의 특질은 자연 선택의
작용에 의해 지배되거나 축적되지 않는다. 다만,
그것을 바라보는 계통학자의 눈에 중요할 뿐이다.

내 신념은 우리가 중요하다고 생각하는 형태학상의 차이는 여러 경우에 우선 방황변이(彷徨變異)로 나타나고, 생물 및 주위 상태의 성질에 의하여, 또 다른 개체와의 교배에 따라서 조만간 영구적인 것으로 되는 것이지 자연 선택에 의한 것은 아니다.

❗ 짧고 메시지

형질 중 종의 번영에 유의미한 영향을 미치는 것만이 자연 선택되어 후대로 이어진다. 예를 들어, 직립보행하는 인간의 두 다리는 오랜 자연 선택의 결과일 것이다. 그러니 그것이 길고 날씬하거나 짧고 두꺼운 형태학상의 차이는 '사소한 다름'일 뿐이다.

047/

왜 기린의 목은 길까?

저명한 동물학자 미바트가 제기한 반론 중 단 하나
새로운 점은 '자연 선택이 유익한 구조의 최초의
단계를 설명하는데 부적당하다'는 것이다. 이 얘기를
해보자. 기린의 긴 목이 생존에 유리한 변이라면
왜 다른 발굽이 있는 포유동물들은 기린처럼 목이
길어지지 않았냐고 묻는다. 기린은 긴 목 덕분에
가뭄에도 다른 동물들보다 안정적으로 먹이를
구하고 너른 시야로 맹수의 공격을 피할 수 있었다.
그러나 오직 이 몇 가지 이유가 기린의 형태를
결정한 이익의 총합은 아니다. 종의 보존은 크고
작은 여러 유용성의 결합으로 결정된다. 막연하게
들리겠지만, 어떤 동물이 특별히 발달된 구조를
획득하기 위해서는 신체의 모든 부분이 조금씩 어떤
방향성을 가지고 변화했고, 아마도 무척이나 오랜
시간이 소요됐을 것이다. 기린의 긴 목이라는 구조가
자연 선택에 의해 획득되기까지, 일반적인 것 외에도
다양한 원인이 관여했다고밖에 답할 수 없다.

세계의 다른 지역에서 이와 같은 목에 속하는 많은 동물들이 어째서 긴 목이나 긴 주둥이를 갖지 못했나 하는 것을 정확히 대답하기는 어려우나, 이러한 질문에 명백한 대답을 기대한다는 것은 인류 역사상 어떤 사건이 한 나라에서는 일어났는데 어째서 다른 나라에서는 일어나지 않았는가라는 질문에 답하라는 것과 같은 무리한 일이다.

❗ 짧고 메시지
유용함이라는 목적이 오직 하나의 방향성만을 갖는 것은 아니다.

048

완만하고 점진적으로 진화한다

오늘날 대부분의 박물학자들은 어떤 형식을 갖춘
진화를 인정하고 있다. 그럼에도 불구하고 미바트
같은 학자는 새로운 종은 '갑자기 그리고 일시에
나타나는 변화에 의해서' 출현한다고 믿는다. 특히나
사육과 재배하에서 발견할 수 있는 급작스러운
변이에 익숙하다면 이 이론에 동의할 수도 있다.
하지만 인위적 선택이 배제된 자연 상태에서
크고도 갑작스런 변이가 발생하는 것은 불가능하다.
형질은 대부분 점진적인 방법으로 얻어지고, 그것이
보존되고 이어지기까지 오랜 시간이 필요하다.

갑작스럽고 특질이 뚜렷한 변이는 사육 생물에서도
단독으로, 그것도 긴 시간의 간격을 두고 일어난다.
가령 그러한 변이가 자연 속에서 발생했다 해도
앞서 설명한 것처럼 그것은 우연한 파괴적 원인에
의해서, 또 그에 따르는 자유스런 교배에 의해서
소멸되는 경향이 있다.

❗ 짧고 메시지

갑자기 나타난 것은 갑자기 사라진다. 그러나 갑자기 나타나 사라지지 않는
것도 있다. 다윈의 자연 선택 이론이 미처 설명하지 못했던 '돌연변이'의
존재가 그렇다. 돌연변이(Mutation)란 네덜란드의 식물학자 드 브리스
(Hugo de Vries)가 달맞이꽃을 연구하다 발견한 것으로, 유전자의
염기서열 변화로 유전 정보가 변화해 유전 형질이 달라지는 변이 현상을
이른다. 돌연변이는 새로운 종의 출현을 설명할 수 있는 단서가 되었다.

049

돌연변이

사실, 지층 속에서는 이전까지 본 적 없는 돌발적인
화석 형태가 발견되는 경우가 있다. 하지만
우리가 갖고 있는 지질학적 기록의 불완전함을
상기한다면, 오히려 그것은 지층의 불연속성과
발굴의 단편성을 증명하는 당연한 현상처럼 보인다.
그리고 발생학적으로 배아 상태에서 서로 다른 종이
모호하리만치 닮아 구별이 어렵다는 사실은 종의
돌연한 변이, 중차대한 변혁이 단박에 일어나지
않았다는 사실을 입증한다.

태아(배아)는 거의 아무런 영향도 받지 않은 채 종의
예전 상태를 보여주는 기록으로서의 구실을 하고
있다. 발달의 초기 단계에 있어서의 현존하는 종이
흔히 동일한 강의 멸절한 형태를 닮는다는 사실은
그 때문이다.

❗ 짤고 메시지
조상에게 없던 형질이 돌연히 나타나는 돌연변이의 존재, 당시로서는
과학적으로 이해불가능한 영역이었다.

제 8 장

본능

050

습성인가, 본능인가?

본능은 무엇인가? 수많은 개체들이 목적도 모른 채
같은 방식으로 하는 행위가 있다. 예를 들면 벌들의
집짓기. 이런 행위는 본능적이다. 습성은 다른 습성,
그리고 생애 중 어떤 시기나 몸의 상태와 연관되어
있다. 본능과 습성은 비슷해 보이지만 다르다. 벌들이
오랜 습성으로 육각형의 집을 짓는 것은 아니다.
그것은 벌이라는 개체에 각인되어 있는 본능이다.
습성은 자연 선택에 영향을 받고 미치는 본능에
비해 부차적이다. 본능은 이로운 변이들이 서서히
쌓인 자연 선택을 통해 만들어지고, 대물림을 통해
계승된다. 또한 종이 처한 환경에 따라 변화할 수
있고, 실제로 같은 종 내에서도 다양한 본능의 예를
찾을 수도 있다.

본능

뻐꾸기가 본능에 따라 이주하고 다른 종류의 새
둥지에 알을 낳을 때 이 본능이라는 말이 어떤 뜻을
나타내는가는 누구나 다 알 것이다.

❗ 짧고 메시지
단 한 번도 축구공을 만져본 적 없는 사람이 손흥민처럼 골을 넣는다면
본능일까, 습성일까?

051/

본능의 가변성

느리고 점진적이지만, 본능도 변이한다. 그리고 그
방향은 자신에게, 집단에게 이로운 방향을 향한다.
그렇지 않고서는 생명체의 복잡다단한 본능을
어떻게 이해할 수 있을까? 종의 본능은 다른 개체의
이익을 위해 생겨나지 않으며, 때로 자기 종의
이익을 위해 다른 종의 본능을 이용하기도 한다.
개미와 진딧물의 관계처럼. 진딧물은 자발적으로
자신의 몸에서 분비하는 달콤한 분비물을 개미에게
제공한다. 놀라운 것은, 개미가 사라지면 진딧물의
분비물도 분비되지 않는다는 사실이다. 개미의
더듬이가 진딧물을 자극해야 비로소 분비물이
생성되기 시작한다.
또한 본능은 가변적이다. 개체의 생존 환경이
변화하면 본능도 변화한다. 때로는 새로운 본능이
생길 수도 있다. 사냥에 처음 나선 어린 포인터
개들은 누가 가르치지 않아도 사냥감을 가리키거나
다른 개들의 사냥을 돕는다. 어린 목양견들은 양
떼를 공격하지 않고 양 떼를 모는 데 더 집중한다.

본능

나는 단지 본능은 확실히 변이한다−이주 본능의
범위나 방향에 관한 변이, 그 완전한 상실−는
사실을 확인하는 것으로 그쳐야만 하겠다.

❗ 짧고 메시지
어떤 새는 대륙을 가로질러 계절을 보내고, 어떤 새는 태어난 숲에서 삶을
마감한다.

052

길들여진 본능

가변적인 본능은 인간의 선택, 혹은 무의식적
선택과 훈련, 습성 등을 통해 길들여지기도 한다.
특히 인간에게 사육되는 가축에게서는 종의
자연적인 본능이 사라지기도 하는데, 가축화된
가금류들이 알을 품지 않는 현상을 보면 알 수 있다.
자연의 상태였다면 새로 낳은 알 위에 앉아 품어야
마땅하지만 인간의 손에 길들여진 가금류들은
알을 품지 않으려 한다. 집에서 키우는 병아리들이
개나 고양이를 무서워하지 않는 것도 비슷한 예다.
닭들은 모든 종류의 짐승에 대한 공포를 잃어버린 게
아니라 오로지 인간과 가까이 사는 개와 고양이에
대한 공포만을 잃었다. 자연 상태에서라면 지녔을
공포라는 본능 역시 가축화의 과정에서 길들여진
결과다.

본능

자연적 본능은 사육하에서는 상실된다.

❗ 짤고 메시지

<어린 왕자>가 이야기했듯이 '길들여진다'는 게 이렇게 무서운 거다.

053/

뻐꾸기의 이상한 본능

알려진 대로 뻐꾸기는 다른 새의 둥지에 알을
낳는다. 애초에 모성 본능 따위는 없는 걸까?
놀랍게도 위대한 모성 본능이 이런 얌체 짓을 하는
이유일 수도 있다. 이틀이나 사흘에 걸쳐 알을 낳는
뻐꾸기는 새끼 모두를 보호하기 위해 다른 새의
둥지를 훔친다. 시간차를 두고 알을 낳는 어미
뻐꾸기가 모든 알을 품고 깨주기 어렵기 때문이다.
새 알을 낳고 이미 낳은 알을 보살피는데 어려움이
있는 어미 뻐꾸기는 다른 새의 모성 본능을 이용해
더 많은 새끼를 생존시키는 것이다. 일종의 위탁
육아라 할 수 있는 이런 본능은 사실 뻐꾸기만의
본능은 아니다. 다양한 가금류, 타조, 벌 등에서도
발견된다. 비정상적인 본능이지만 종의 번식과
생존에 유리한 방향으로 변화된 자연 상태의 예라고
할 수 있다.

일시적인 습성이 이 종에게 이익이 되고, 둥지와
저장 식량도 빼앗긴 곤충이 그 때문에 절멸하지
않는다면, 이것이 자연 선택에 의해 항구적인
것으로 되는 데는 아무런 난점도 없으리라고
생각한다.

❶ 짧고 메시지

인간에게도 이해하고 싶지 않은 이상한 본능이 있다. 다른 동물들에 비해
육체적으로 약한 존재인 인간은 집단을 이룸으로써 종의 번영을 이끌어왔다.
그런데 이 집단의 이익에 해가 되는 존재(무임승차자, Free Rider)가 있다면
배제와 차별을 통해 무임승차자를 색출하고 제거했다. 일명 생크션(Sanction,
제재행동)이 그것이다. 집단 따돌림, 인간 종의 유전자에 각인된 이상하지만
분명한 본능이다.

054

노예를 만드는 본능

인간만이 노예의 노동력을 착취했던 것은 아니다.
무사개미는 지독한 주인이다. 제힘으로는 집을
짓지도, 먹이를 구하지도, 심지어는 먹이를 먹지도
못한다. 모두 노예 개미들의 도움을 받는다.
심지어 이주를 할 때는 저보다 작은 노예 개미들에
들려 보금자리를 옮긴다. 무사개미에게 노예
개미가 없다면 아마 1년 안에 멸종할지도 모른다.
무사개미보다는 덜 하지만 분개미도 노예 개미에
의존한다. 직접 먹이를 채집하고 이주할 때는 노예를
운반하기도 하는 분개미에게 노예 개미의 존재는
애벌레를 보살피는 역할을 한다. 스위스에서 발견된
개미들은 주인과 노예가 함께 일하고 함께 둥지를
짓는다. 하지만 노예의 업무가 더 많다.
노예를 만드는 개미의 본능은 어디에서 기원했을까?
자손을 낳는 것보다 노예를 포획하는 편이 종의
생존에 유리했다면 설명이 된다. 식량으로 사용하기
위해 번데기를 모았던 개미의 습성이 자연 선택을
통해 강화되어 노예를 키우는-두는 본능이 된 것은
아닐까?

만일 일개미를 낳는 것보다 잡아오는 쪽이 그들에게
유리하다면 원래는 먹이로서 번데기를 모아들이던
습성이 자연 선택에 의해 강화되었고, 노예를
사육한다는 매우 다른 목적을 위해 영구적인 것이
되었을 것이다. 이 본능이 일단 얻어지자 자연
선택이 이 본능을 증대시키고 또한 변화시킴으로써,
마침내 무사개미처럼 비열하게 노예에 의존하는
개미를 형성하기에 이르렀다고 생각한다.

❗ **짧고 메시지**

때로 본능은 잔인하다. 뒤집어 생각해 보면, 자연 안에서 생존하는 게 그만큼
어렵다는 방증이기도 하다.

055

꿀벌의 벌집

벌은 꿀을 채집해 식량으로 사용하고, 분비한
밀랍으로 집을 짓는다. 벌집은 허름한 땅벌의
집부터 육각기둥 형태의 정교한 건축물인 꿀벌의
벌집까지 다양하다. 한눈에 보기에도 자로 잰 듯
정확해 보이는 육각기둥 형태의 꿀벌의 벌집은
어떻게 만들어졌을까? 정녕 꿀벌은 자연의 천재
건축가일까?

단순한 밀랍 벌집에서 정확한 육각기둥 모양의
벌집에 이르기까지, 벌이 밀랍으로 집을 짓는데
적용하는 원칙은 분명하다. 더 오래 생존하고
번식하기 위해 식량인 꿀을 모으는데 유리하고,
어렵게 모은 밀랍을 최소한으로 사용해 경제적
집짓기를 한다는 것이다. 이 과정에서 축적된 본능의
변이는 자손 세대로 이어져 개체와 무리의 생존에
유리하게 작용한다.

본능

알려져 있는 본능 중에서 가장 경탄할 만한 것
중의 하나인 꿀벌의 본능은 비교적 단순한 본능이
연속적으로 조금씩 변화해 자연 선택에 의해 생겨난
것이라고 설명할 수 있다.

❗ **짤고 메시지**

자연의 경제성은 생명체의 본능이다. 그러니 과유불급(過猶不及)!

056

일개미의 곤란한 본능

자연 선택 이론에 난점을 제기하는 무척 곤란한
예가 있다. 내게는 생식이 불가능한 일개미나 중성
곤충이 그렇다. 수컷도 아니고 새끼를 낳는 암컷도
아닌, 도통 그 존재의 기원을 가늠할 수 없는 중성의
일개미는 왜 멸종하지 않고 살아남았을까? 게다가
중성인 일개미는 절대적으로 불임이다. 따라서
개체의 구조나 본능을 자손에게 대물림할 수도
없다. 그리고 일군의 일개미들을 관찰해보면, 하나의
구조로 통일돼 있는 것이 아니라 크기, 눈의 모양
등에 따라 여러 형태로 존재한다.
생식 능력도 없고 구조도 제각각인 일개미는 오직
노동이라는 뚜렷한 목적을 위해서만 선택된 것으로
보인다. 복잡미묘한 본능과 구조를 대물림할 필요
없이 오로지 개미 사회 공동체의 노동을 위해서만
필요하다면 불임은 당연한 선택일 수 있다.

본능

이 예는 또한 동물에 있어서도 식물에서와 마찬가지로 어떤 점에서 이익이 되는 작고도 우발적인 수많은 변이의 축적에 의해 연습이나 습성의 작용 없이 구조 혹은 크기의 변화가 달성되었음을 증명하는 것으로써 매우 주목된다.

❗ **짧고 메시지**

본능도 완전무결진 않다. 고도의 효율성을 위해 불임을 선택당한 일개미를 보라!

제 9 장

잡 종

057

교배와 불임의 신비

생존과 번식이 생명체의 본능이라면 1세대
이종교배와 잡종 후손에게서 나타나는 흔한
불임성은 어떻게 이해해야 할까? 실제로 다양한
식물에서 순종 교배에 비해 1세대 이종 교배,
잡종끼리 교배했을 때 불임 확률이 매우 높았다.
나는 이 실험들의 생식 능력 감소 원인이 근친 교배
때문이라고 생각한다. 일반적으로 근친 교배는
생식 능력을 감소시키는 경향이 있다. 때로 완전히
다른 개체나 변종과의 교배는 오히려 생식 능력을
증가시키기도 한다. 이는 인공 수정과 비슷하다. 근친
교배를 피할 수 있었던 덕분이다. 드물지만 1세대
이종 교배에서 완벽한 생식 능력을 가진 자손들이
나오기도 한다.

동물들의 이종 교배와 교잡은 관찰하기 매우 어려운
지점이 있다. 하지만 식물과 마찬가지로 순종
동물일지라도 근친 간 교배가 이어지면 불임의
확률은 점점 높아진다. 또한 잡종 간 교배에서 생식
능력이 높아진 경우에는 자연 선택에 의해 번식력이
높은 잡종들이 살아남기 때문일 것이다.

잡종

식물과 동물의 이종 교배에 관하여 확인된 사실을
개괄하여 보면, 최초의 교배에 있어서나 잡종에
있어서나, 어느 정도 생식 불능성이 있는 것은
지극히 일반적인 결과라고 결론지어야 할 것 같다.
그러나 우리의 현재 지식 상태로는 절대적으로
보편타당한 것으로 생각하기는 어렵다.

❗ 짧고 메시지

중세 유럽에서는 왕실의 순수 혈통을 유지하고 권력의 분산을 막기 위해
근친혼이 성행했다. 그러나 당연히 부작용이 있었으니, 다양한 유전병과
기형아 출산 등으로 왕족의 혈통은 갈수록 약해질 수밖에 없었다.

058

불임성을 지배하는 법칙

1세대 이종 교배의 생식 능력과 잡종의 생식 능력은
종에 따라 극도의 불임에서 완벽한 가임까지
점진적인 차이를 보인다. 그리고 그들의 생식 능력은
상황에 민감하고 선천적 다양성을 보여준다. 또한
그 후손들 역시 외양상 어느 쪽 부모를 닮았는지와
상관없이 불임과 가임의 다양한 스펙트럼을
보여준다. 그리고 어떤 두 종 사이의 첫 번째 잡종을
만드는 작업의 용이성이 그 둘의 계통적 유연 관계나
서로의 닮은 정도에 지배되는 것도 아니다. 이러한
복합적이고도 독특한 법칙을 과연 법칙이라 부를
수 있을까? 자연은 종들이 뒤섞이는 것을 막기 위해
독특한 불임성을 부여한 것일까? 그렇진 않다. 다만
알 수 없는 생식계의 차이가 가임과 불임의 다양한
생식 능력을 보여줄 뿐이고, 불임성은 종의 교배에서
발생할 수 있는 특질이라기보다 성장 과정에서
나타날 수 있는 부수적 현상이다.

잡종

잡종의 생성(生成)이 허용되는 이유는 무엇인가?
잡종 생성의 특수한 능력을 종에게 주어, 그 위에
양친 간의 최초의 결합의 용이성과는 별로 관계되지
않는, 정도가 여러 가지로 다른 생식 불능성에 의해
그 이상 번식하는 것을 막도록 되어 있다는 것은
이상한 배려임에 틀림이 없다.

❗ **짤고 메시지**
가임과 불임은 종의 특질이 아니다. 그저 다양한 교배 과정에서 나타나는
현상일 뿐이다.

059

불임의 원인들

1세대 이종 교배와 잡종의 불임 원인은 근본적으로
다르다. 1세대 이종 교배는 두 순종이 결합하므로
웅성과 자성 요소들이 완벽하다. 반면 잡종에서는 그
요소들이 불완전하다. 1세대 이종 교배에서는 웅성과
자성의 결합 조건이 불임의 원인이 될 수 있다.
이때는 웅성 요소와 자성 요소가 배를 발생시키기
어렵고, 발생했더라도 초기에 사멸하기도 한다.
잡종은 조금 다르다. 통상적으로 잡종은 순종에
비해 더 건강하다. 그럼에도 불임이 발생하는 것은
생식계에 장애를 갖고 태어나거나 부자연스러운
가임 조건 등의 이유로 불임에 처한다. 그리고 몇
세대에 걸쳐 교란된 환경에서 생활하며 극도로
변이해 불임에 이른 경우일 수도 있다. 하지만 이런
원인이 모든 잡종에게 적용되는 것은 아니다. 실제로
같은 종에서 변이해 사소한 차이를 보이는 암수
사이의 교배는 더욱 건강하고 생식 능력이 높은
후손으로 이어지기도 한다.

잡종

동식물에서 같은 종의 매우 다른 개체 간에
행해지는 교배가 자손에게 강건성과 생식 가능성을
준다는 사실에 대하여 충분한 증거가 있다. 또
대단히 가까운 인척 간에서 몇 대씩 계속적으로
밀접한 동계 교배와 같은 생활 조건이 유지되면,
거의 반드시 자손이 허약하고 생식 불능성을
불러일으킨다는 것을 믿는다.

❗ 짤고 메시지

근친 교배는 불임의 원인이다. 급격한 환경 변화와 극도로 다른 종의 교배
역시 불임의 원인이다. 너무 같아도, 너무 달라도 문제다.

060

변종과 잡종의 생식 능력

불임 여부가 중요한 이유는 종을 나누는 기준이
되기 때문이다. 대부분의 박물학자들은 변종으로
알려진 두 개체가 교배해 불임이 될 경우 그 둘을
별개의 종으로 분류한다. 그렇다면 자연 상태의
모든 변종들은 반드시 생식 능력을 갖추었을까?
그렇진 않다. 실제로 변종인 옥수수들의 교배가 자연
상태에서는 불가능한 경우도 있고, 겨우 교배에
성공해 얻은 잡종에서 완벽한 생식 능력을 관찰한
경우도 있다.

잡종

생식 가능성은 교배되었을 때의 변종과 종 사이의
근본적인 구별을 구성하는 것이 아니라고 결론지을
수 있다.

❗ **짧고 메시지**
인간이 개입해 만들어낸 변종들은 그저 겉모습이나 아름다움 따위가
인위적 선택의 기준이다. 생식계의 비밀은 감히 인간의 눈에 보이지
않는다.

151

061

종 간 잡종과 변종 간 잡종

잠시 잡종의 생식 능력은 접어두고 종 간 잡종과
변종 간 잡종의 차이점에 주목해보자. 종 간 잡종은
변종 간 잡종에 비교해 낮은 변이성을 보여준다.
변이가 덜 발생한 순종끼리의 교배이므로 당연히
이미 많은 변이가 진행되고 있는 잡종에 비해 변이가
덜 일어나는 것이다. 이는 생식 능력과도 연결된다.
종 간 잡종의 첫 세대는 생식계가 영향을 받은 적이
없는 종의 후손들이므로 쉽게 변이하지 않는다. 반면
잡종은 이미 생식계에 많은 영향을 받았을 것이므로
후손들 역시 높은 변이성을 보인다.
그리고 종 간 잡종과 변종 간 잡종은, 정도의 차이는
있지만 부모 중 어느 한쪽의 형질로 복귀하려는
경향도 갖고 있다. 여기에는 성의 우위성이
작용하기도 하는데 변종 간 잡종에서 그런 경우를 더
쉽게 발견할 수 있다. 특히 자연 선택을 통해 서서히
획득된 형질보다 기형적이거나 갑자기 나타난
형질들이 그렇다.

잡종

생식 가능성 및 생식 불가능성의 문제와는 상관없이
그 밖의 다른 점에 있어서 생각하면, 교배된 변종의
자손에게는 일반적으로 밀접한 유사점이 있는
것처럼 생각된다. 만일 우리가 종을 특수하게
창조된 것으로 보고 변종을 이차적인 법칙에 따라
생긴 것으로 본다면 이 유사점은 매우 놀랄 만한
사실이다. 그러나 그것은 종과 변종 사이에는
아무런 본질적인 차이가 없다는 견해와 완전히
조화를 이루는 것이다.

❗ 짤고 메시지

변이 정도의 차이가 종과 변종을 구분하는 기준이 될 수는 없다.
마찬가지로 다름이 차별의 이유가 될 수는 없다.

제 10 장

지질학적 기록의
불완전에
대하여

062

중간 고리는 어디에 있나?

자연계에 존재하는 다양한 종은 그것이 속한 속의
다른 종들과 연결되어 있다. 이것이 자연 선택이다.
그 사이에는 무수한 멸절이 있었을 것이므로, 이제는
사라진 부모 종들과도 연결되어 있을 것이다. 이런
방식으로 거슬러 올라가다 보면 자연계의 종들은
거대한 규모의 강으로 수렴된다. 따라서 현재는
발견할 수 없지만, 아마도 지구상에는 현생 종과
멸종 종들 사이의 중간적이고 과도기적 고리,
중간 종들이 존재했을 것이다. 그런데 왜 우리는
이 과도기적 종들, 변종들의 실체를 암석층이나
지층에서 모두 발견할 수 없을까? 심지어 지각변동이
심각하지 않았던 대륙에서조차 그렇다. 우선은 현재
우리가 발견하고 연구할 수 있는 지질학적 기록이
매우 불완전하다는 사실을 염두에 두자.

그 많은 연쇄가 분명 이 지구상에 존재했다.

❗ 짧고 메시지

아직도 경상북도 경주 인근에서는 신라시대의 유적이 발견된다. 무려 15세기가 지나서야. 그렇다면 1억 년 전의 흔적도 남아있을까? 가늠하기 두려운 시간의 두께!

063

방대한 시간의 경과

높다란 암벽으로 이루어진 길고 아름다운 해안선을
보라. 조류는 하루에 두 번 아주 잠시 동안만 절벽에
닿고 밀려간다. 파도는 모래나 자갈을 실어와 이
절벽을 깎아낸다. 도대체 얼마의 시간이 흘러
지금의 해안선이 만들어졌을까? 어떤 관찰자들은
거대한 미국 미시시피강의 퇴적물이 10만 년 동안
겨우 600피트의 속도로 쌓인다고 추정했다. 오류가
있을 수 있는 수치이지만, 어쨌든 암벽이 깎이고
퇴적물이 쌓이는 데는 어마어마한 시간이 필요하다.
우리가 살고 있는 지구는 이 시간의 더께를 덮고
있다. 침강과 융기, 어긋난 힘으로 인해 생긴 단층,
부드러운 해안선과 깎아지른 절벽 등은 이 가늠할 수
없는 시간의 결과물이다.

어찌 되었건 시간의 문제로 돌아가지
않을 수 없다.

❶ 짧고 메시지

지구의 시간을 계산하는 것은 마치 영원을 상상하는 것과 같다. 인간의
평균 수명은 아직 백살에 이르지 못한다. 척추동물 중에는 약 4백년을 사는
그린란드 상어 같은 동물이 있지만, 이 역시도 지구의 시간에 비하면 보잘
것 없다.

064

지층은 지구 연대기가 아니다

아직도 지구 어딘가에서 이미 멸종한 공룡의 뼈가
발견된다는 사실은, 역으로 우리의 지질학적 탐험이
얼마나 부족한가를 방증한다. 수억 년이 흐르는
동안 옛 지구 생명체의 흔적은 완전히 분해되었거나
일부는 화석으로 남아있다. 하지만 지층은 시간의
흐름과 함께 새로운 지층으로 덮이고, 우리가 발견할
수 있는 지질학적 기록은 여전히 불완전하다. 겹쳐진
지층 사이에도 방대한 시간의 간격이 존재한다.
따라서 지질학적 기록은 지구의 역사를 연대기처럼
펼쳐놓을 수 없고, 단속적이다. 그러니 우리는 종과
변종, 중간 종과 같은 종의 역사를 지층을 통해
확인하기 어렵다. 또한 지층이 형성되기까지 분명
어마어마한 시간이 소요되었겠지만, 아마도 한 종이
다른 종으로 바뀌는데 필요한 시간에 비하면 짧았을
수도 있다.

지구 표면의 아주 작은 부분만이 지질학적으로
탐색되고 있음에도 불구하고, 그나마 세심한 주의를
기울여 발굴되지 않고 있다.

❗ **짧고 메시지**

지구는 차곡차곡 쌓인 흙더미가 아니다. 침강하고 융기하고, 때로는 부딪쳐
부서졌다.

065

지층이 숨긴 종의 역사

땅이 융기하는 동안에는 육지와 인접한 해변의
면적이 증가하며 생명체가 살기 좋은 새로운
서식지를 형성한다. 따라서 새로운 변종과 종이
만들어지기에 바람직한 환경이 된다. 반면, 침강하는
동안에 서식지와 그곳의 생명체 수가 줄어들고 많은
멸종이 일어난다. 우리가 관찰할 수 있는 풍부한
화석을 지닌 거대한 침적층이 축적되는 시기는
바로 이 침강기 동안이다. 그러니 지질학적 기록의
저장고라 할 수 있는 화석을 통해 확인할 수 있는
종과 변종의 연결고리는 단속적이자 불완전할
수밖에 없다. 게다가 지구가 겪은 빙하기는 어떤가?
지질 연대의 작은 부분인 빙하기 동안, 지구의 많은
동식물이 이주하고 멸종했다. 지표면은 높낮이가
변화했고 지구에는 막대한 지리적 변화가 찾아왔다.
지층이 보여주는 지구의 역사는 잘 구축된 계단처럼
점진적이지 않다. 중간 단계의 변종들까지를
포괄하는 완벽한 화석 표본을 찾아내 연결하는 것은
불가능에 가까운 일이다.

같은 군에 속하는 과거 및 현재의 모든 종을 하나의 긴 분지적(分枝的) 생명의 연쇄로 틀림없이 이을 수 있는 무수한 이행형을 지층 속에서 발견하리라고 기대해서는 안 된다.

❶ 짤고 메시지

인간이 점진적 전이를 단계별로 확인할 수 있는 시간은 고작 100년 정도의 수명 안에서다. 과연 무언가를 목격하기에 충분한 시간일까? 마치 20부작 드라마를 드문드문 감상하는 것과 비슷하다. 맥락을 이해하기엔 턱 없이 부족한 시간이다.

066

근연종 집단의 돌연한 출현

지질학적 기록은 종종 과대평가되어 잘못된 추론을
끄집어낸다. 대표적인 예가 몇몇 속이나 과들이 한
특정한 단계에서 발견되지 않거나, 또는 동시에
발견될 경우다. 갑작스러운 동시 발견은 자연 선택을
통한 느린 변화가 대물림된다는 이론에 치명적인
반론이 될 것이고, 아예 발견되지 않는 경우는 이전
조상 종들이 존재하지 않을 수도 있다는 섣부른
가정을 하게 한다. 과연 그럴까?
우리의 지질학적 기록은 최근 12년 사이에 이루어진
발견이 대부분이며, 유럽과 미국을 벗어나는
지역에 대해서는 충분한 연구가 진행되지 않았다.
나는 제3기 층에 완벽하게 보존된 착생 만각류의
화석 기록이 제2기 층에서는 단 하나도 발견되지
않았다는 사실을 알고 있다. 그렇다고 착생
만각류들이 제3기의 초기에 급작스레 출연했을까?
이후 벨기에의 백악층에서는 착생 만각류임이
확실한 표본들이 발견되었다. 이 착생 만각류는
아마도 수많은 제3기 종과 현존하는 종들의
조상이었을 것이다.

나는 전 세계를 통해서 생물의 변천에 대하여
독단적인 판단을 내린다는 것은, 마치 어떤
박물학자가 오스트레일리아의 불모지에 5분 정도
머문 것으로 그 나라의 생물 수나 분포에 관해
논하는 것처럼 경솔한 일이라고 생각한다.

❗ 짤고 메시지

눈에 보이지 않는다고 존재하지 않는 것은 아니다. 다만 발견의 순서를
기다리고 있을 뿐.

067

불완전한 기록

우리가 발견한 실룰리아기 삼엽충류는 분명
실룰리아기 훨씬 이전부터 존재했을 것이다. 그런데
왜 지금 우리가 발견할 수 있는 지층의 최하층에서
이것들이 갑작스레 출연할 수 있었을까? 가장
오래된 최하층에서! 이것은 진정 신의 손길로 창조된
것일까?

실룰리아기 지층 아래에는 화석을 포함한 지층이
전혀 없다는 것, 유럽의 지층에서 한 무리의 종들이
갑자기 출현한다는 것, 연속적인 암층에서 중간 종,
과도기적 연결 고리들을 찾아내지 못하는 것 등은
심각한 문제들이다. 그렇다고 성급하게 결론을 내릴
필요는 없다. 인간이 발견해낸 지질학적 기록은
무척이나 불완전하다. 비유하자면, 거대한 세계사
책의 겨우 몇몇 단어를 발견한 정도에 불과하다.

지질학적 기록은 불완전하게 보존·지속되고,
변화 하는 방언(方言)으로 쓰인 세계의 역사라고
간주한다. 우리는 이 역사에 관해 마지막 한 권만을
소유하고 있으며, 그 한 권에는 두세 나라에
관계되는 것만이 실려 있을 뿐이다.

❗ **짤고 메시지**

두꺼운 역사서의 몇 장, 혹은 겨우 몇 단어만을 읽고 책 전체를 읽었다고
자신하진 말자.

제 11 장

생물의 지질학적 천이(遷移)에 관해

068

지질학적 천이란

천이란 환경과 영양, 경쟁 등의 다양한 생태적
원인에 의해 유기체 군집의 구성원이 변화하는
과정이다. 오랜 시간 안정적으로 군집을 유지하는
집단이 있는가 하면, 여러 원인으로 멸절에 이르는
경우도 있다.

변화는 늘 같은 속도나 정도로 진행되지 않는다.
종의 가변성, 우연적 요소, 과연 유리한 변화인지
여부, 교배 능력, 번식 속도, 경쟁자의 본성 등
다양한 원인에 따라 달라진다. 지질학적 천이 역시
마찬가지다. 다만 분명한 것은, 변화하지 않으면
소멸할 가능성이 높다는 사실뿐이다.

변화하지 않는 것은 멸절하고 만다.

❗ 짤고 메시지

데카르트의 "나는 생각한다, 고로 존재한다"는 명제는 유기체에 빗대면
"나는 관계한다, 고로 멸절하지 않는다"가 된다.

069

지질학적 천이의 속도

우리가 관찰하는 암석층은 드문드문 잘린 드라마의
장면들과 같다. 연속극의 처음부터 끝까지를 모두 볼
수 있다면 좋겠지만, 아쉽게도 긴 시간 불규칙하고
단속적으로 축적된 암석층은 드라마의 전편을
담아내지는 못한다.

마찬가지로 암석층이 숨겨놓은 지질학적 천이의
기록 역시 종과 속, 과 모두에서 일관된 법칙을
보여준다. 그것은 아주 느리고, 크고 작은 정도의
차이를 담고 있고, 일단 사라진 후에는 다시
이어지지 않는다. 그리고 그 와중에 집단에 속하는
종의 수는 최대한에 도달할 때까지 점진적인 증가를
보여주며 정점을 찍은 후 서서히 줄어든다. 하나의
종이 근연종을 낳고, 두세 변종이 새로운 종으로
바뀌고, 그 종이 다시금 똑같이 느린 변화를 거쳐
새로운 종으로 바뀌어 군집을 이루는 드라마.
한 편의 대하드라마다.

생물의 지질학적 천이(遷移)에 관해

한 나무줄기에서 큰 나무의 분지(分枝)가 일어나는
것처럼 군이 커져 간다.

❗ **짧고 메시지**
발단 - 전개 - 위기 - 절정 - 결말의 드라마트루기.

070

멸절에 대한 수수께끼

종은 새롭게 태어나고 멸절한다. 어떤 종은 생명이
시작된 아주 먼 과거로부터 현재까지 존속하고,
또 어떤 종은 너무 일찌감치 생을 마감해 화석으로
발견되기도 한다. 종의 존속 기간은 모두가
제각각이다. 일반적으로는 매우 느린 속도로 멸절에
이르지만 놀랍도록 급작스레 사라지기는 종도 있다.
하지만 대개 새로운 종이 태어나는 속도보다는
멸절의 속도가 느린 편이다. 그리고 자연 선택
이론에 따르면, 새로운 종의 탄생과 오래된 종의
멸절은 밀접하게 연관되어 있다.

종의 멸절이라는 문제는 그야말로 까닭을 알 수 없는 신비에 속해 있었다.

❗ **짤고 메시지**

오래되고 낡은 것들의 자리는 새롭고 젊은 존재들로 대체된다.

071/

멸절의 자연스러움

종은 왜 멸절할까? 자연 선택 이론에 대입해보면
무언가 해로운 요인들이 작용했기 때문이다. 인간이
개입한 의식적 요인이든, 혹은 자연계의 무의식적
요인이든, 종의 증가에 방해가 되는 요소가 종의
희귀성을 초래하고, 종국에는 멸절에 이르게 한다.
아주 작고 사소한 것이라도, 그것이 새로운 종이 될
변종에게 이점을 제공한다면, 그리하여 경쟁에서
탈락하는 종이 생겨난다면, 그 종은 불가피하게
사라지게 된다.

자연적인 종류이거나 인위적인 종류이거나,
새로운 종류의 출현과 오래된 종류의 소멸은
서로 관련이 있다.

❗ 짧고 메시지

소멸은 자연스러운 것이다. 인간의 사회법에도 소멸을 인정한 예가 있다.
바로 채권의 소멸시효. 권리자가 권리를 행사하지 않고 일정 시간이 지나면
그 권리의 소멸을 인정하는 제도다.

072

근연종의 격렬한 경쟁

비슷하게 닮은 종들은 더욱 치열한 경쟁을 치를
수밖에 없다. 비슷한 서식지, 비슷한 먹이, 비슷한
조건을 두고 경쟁하기 때문이다. 우리는 이런
종들을 근연종이라고 부른다. 멸절 역시도 근연종들
사이에서 빈번하다. 더 개량되고 변화된 후손
종들이 부모 종들의 멸절을 초래하는 식이다.
조금이라도 생존에 유리한 변이를 겪은 후손 종들은
경쟁의 우위에 선다. 그리고 가차 없이 부모 종들의
서식지를 빼앗고, 먹이를 빼앗고, 생존을 앗아간다.

어떤 종이라도 터무니없이 증가하는 경향을 갖게
된다는 것을, 또한 어떤 저지작용이 끊임없이
증가하고 있으며, 더욱이 그것은 인지하기 어렵다는
것을 순간적이나마 망각한다면, 자연의 모든 조직은
완전히 어둠 속에 숨어버릴 것이다.

❗ 짧고 메시지

적은 가까이에 있다.

073/

동시적 변화

넓은 의미에서 전 세계의 생명 형태들은 거의 동시에 변화한다. 문맥만을 놓고 보면 허무맹랑한 소리처럼 들리지만 '동시'의 의미가 수천 년, 수십만 년보다 더 긴 시간이라면, 지질학적 의미의 '동시대'라면 이해하기가 쉽다.

동시적 변화란 어떤 종이 드라마틱하게 똑같은 시기에 변화한다는 의미가 아니다. 자연 선택에 따라 유사하게 천이한다는 의미에 가깝다. 종의 탄생과 확산 과정, 결국엔 지배적인 종으로 생존하다 멸절에 이르기까지의 천이가 비슷하고, 실제로 그 예를 해양 지층과 전 세계 대륙의 암석층에서 화석으로 만나게 된다.

모든 종류의 천이는 최초의 출현 및 최종적인
소멸이라는 양쪽의 경과에 대응한
경향을 나타낸다.

❗ 짧고 메시지

지구별의 시각으로 관찰한 거시적 안목. 그런 의미에서 인간 종이 태어나
번성하다 결국엔 소멸의 길로 나아가는 동시적 변화 역시 상상해볼 수
있겠다.

074

멸절한 종과 현생 종의 유연

우리는 제4장에서 '생명의 나무' 이야기를 했다.
무성한 가지를 가진 커다란 나무를 상상해보자.
본래의 기둥, 혹은 줄기와 가까운 가지가 있는가
하면 끄트머리에 이제 막 싹을 틔운 작고 여린
가지도 있을 것이다. 그리고 중간중간 뚝뚝 끊어진
가지도 있다.

이 나무를 종에 빗대자면, 새싹을 틔운 가지, 즉 현생
종은 분명 큰 기둥으로부터 갈라져 나와 한참을
떨어져 있다. 기둥 근처의 꺾인 가지는 멸절 종이다.
기둥과 가까운 가지일수록 기둥의 형질을 더 많이
가지고 있을 것이다.

실제 자연은 한 그루의 나무보다 더 복잡할 것이다.
하지만 '변화를 동반한 계승', 즉 '진화'의 측면에서
보면 이 '생명의 나무'는 이미 멸절한 종과 현생 종의
관계를 그 무엇보다 시각적으로 확인시켜 준다.

변화를 동반하는 계승의 설에 의거하면, 멸절된
생물 상호 간의 유연, 그것들과 현존하는 종류와의
유연에 관한 많은 사실에 만족스러운 설명을 할
수가 있다. 그리고 그런 사실은 다른 어떤 견해로도
결코 설명할 수 없는 것이다.

❗ **짤고 메시지**

앞서간 자와 뒤따라올 자, 그리고 중간의 나. 진화는 인간의 의지와
상관없이 계속되고, 인간은 그 가운데 일개 종으로 잠시 존재할 뿐이다.

075/

배아가 숨기고 있는 과거

현생 종들은 고대 종들보다 고등할까? '고등'하다는
것에 대해 아직 명확하게 정의할 수는 없지만,
나는 새로운 종이 선행 종에 비해 생존에 이로운
형질을 가지므로 좀더 고등하다고 생각한다. 따라서
현재(19C)의 대영제국 동식물을 고립된 섬인
뉴질랜드에 방류한다면, 분명 충분한 시간이 흐른 후
뉴질랜드의 토착종 다수를 멸절시킬 것이라 상상할
수 있다.

여기서 주목할 것은 멸절한 종들의 흔적을 현생 종의
배아에서 발견할 수 있다는 점이다. 배아란 각각의
동물들이 아직 덜 변이한 상태의 모습을 보여준다.
성체에 이르면 분명한 차이를 보여줄 종들에게서
배아 상태의 유사성을 발견하는 것은 참으로
흥미롭다.

태아(배아)는 아직 그렇게 변화하지 않은 종의
옛 상태 그대로 자연에 의해 보존되어 일종의
그림처럼 남게 되었다.

❗ **짤고 메시지**

배아: 나는 네가 고대에 한 일을 알고 있다.

076

동일한 형태들의 천이

나는 이미 1839년과 1845년에 "형태 천이 법칙"을
발표했다. 형태 천이 법칙이란 같은 대륙 내에서
멸절한 것과 현존하는 것 사이에 존재하는 놀라운
관계를 짚어낸 것이다. 오랜 세월이 흘러 이미
멸절한 것들의 흔적을 현생 종에서 발견할 수 있다는
사실은 변화를 동반한 계승, 즉 진화를 설명하는
소중한 단서다. 이는 불변하는 존재는 없으며, 같은
속에 속하는 모든 종들은 동일한 하나의 종에서
내려온 것들이라는 사실을 증명한다. 비록 그 사이에
기나긴 시간의 공백과 거대한 지리적 변화, 대량의
상호 이주 등의 드라마틱한 변화가 있었더라도.

변화를 동반하는 계승 이론에 의하면, 동일 지역
내에서 동일형이 오래 존속되며, 그것은 불변이
아니라 천이되어 간다는 위대한 법칙이 간단하게
설명된다.

❗ **짤고 메시지**

사라진 것, 새로 태어난 것, 그리고 그 사이를 잇는 시간.

제 12 장

지리적 분포

077

설명할 수 없는 지리적 분포

지구상에 존재하는 유기체들의 분포는 몇 가지
놀라운 사실을 보여준다. 첫 번째는 기후나 물리적
환경만으로는 다양한 지역에서 서식하는 생물들의
유사성과 차이를 설명하는 것이 어렵다는 점이다.
두 번째는 유기체들의 자유로운 이주를 가로막는
장벽이나 장애물이 생물들 사이의 차이점들과
중요하게 연관되어 있다는 것이다. 세 번째는 동일한
대륙이나 해양에서 서식하는 생물들끼리는 서로
유연 관계가 있다는 것이다. 이번 장에서는 이런
현상들의 답을 찾아 나간다.

우리는 육지와 바다의 같은 구역에서 그 구역의
물리적 조건과는 상관없이 널리 작용해온 무언가
깊은 유기적인 유대를 보게 된다.
이 유대가 무엇인가를 묻지 않는 박물학자는
우둔한 자임에 틀림없다.

❗ 짤고 메시지

유기체의 난해한 지리적 분포는 생명이 한 곳에서 창조되었는가, 혹은
각각의 여러 지점에서 창조되었는가라는 질문으로 이어진다.

078

유기체의 지리적 분포가 던지는 의문

왜 어떤 식물 종은 지구 곳곳에서 발견할 수 있고,
어떤 동물은 바다에 가로막혀 대륙마다 다를까?
물리적 환경은 부수적 원인 중 하나일 수 있다.
물리적 환경 외에 종들 간의 생존 투쟁에 따른
작용과 반작용, 지리적 이주를 가로막는 장애물 등
다양한 원인이 유기체 간의 비유사성을 낳는다.
지구 곳곳에서 닮거나 전혀 닮지 않는 종들이
흩어져 있는 원인을 고민하며, 나는 유기체가
지구의 어느 한 지점에서 단박에 창조되었다거나,
여러 지점에서 동시에 창조되었다는 이제까지의
믿음에 강한 의문을 던진다. 과거에는 하나의
대륙으로 연결되었을 지구 북반구의 너른 지역에
고르게 분포하는 동물들, 유럽과 오스트레일리아,
남아메리카에서 공통적으로 발견할 수 없는
포유류의 존재, 북반구에서 남반구에 이르는 길고도
넓은 서식지를 품은 토착 식물들이 그 대답을
제시한다. 식물들은 다양한 수단으로 대륙과 바다를
가로질러 이주할 수 있었고,
포유류는 그러지 못했을 것이다.

같은 종의 모든 개체가 현재는 멀리 격리된 지역에
살고 있더라도, 그것들의 조상이 맨 처음에 산출된
한 지점에서 옮겨왔음이 명백하다.

❗ 짧고 메시지

고립된 지역에서 서식하는 종들은 큰 변화를 겪지 않는다. 반면 멀리
이주한 종일수록 더 많은 경쟁자와 외부적 조건들로 인해 변화의 필연을
겪는다.

079

확산의 수단

멀리 떨어진 두 대륙에서 근연인 종들이 발견되었다.
이 종은 분명 하나의 조상 종으로부터 내려왔을 텐데
어떻게 긴 거리를 이주해 확산할 수 있었을까? 과거
우리가 알지 못했던 시기에 있었던 기후 변화가
가져온 결과일까? 일리가 있다. 육지라면 지표
높이의 변화에도 주목해야 한다. 지금은 바다가
펼쳐진 곳이 과거 어느 때엔 섬이나 대륙으로
연결되어 있었을 수도 있다. 수많은 섬들이 지금은
바다 밑에 묻혀 있지만 과거 어느 때에는 동식물에게
이주의 징검다리 역할을 했을 수도 있다.
좀 더 우발적이고 간헐적인 확산의 수단도 있다.
식물의 경우 긴 시간 해수에 잠겨 있어도 뭍에
상륙해 싹을 틔우기도 한다. 바다를 표류하는
통나무에 붙어 있던 식물의 씨앗이 새로운 대륙에
도착해 발아에 성공하기도 하고, 바다를 가로질러
항해하는 새들은 모이주머니에 담긴 씨앗을 배설해
새로운 이주지에서 생명의 싹을 틔우기도 한다.

살아 있는 새들은 거의 틀림없이 씨앗을 수송하는데
고도로 유효한 수단이다.

❗ 짤고 메시지

종은 이주하고 확산한다. 바다를 가로질러, 대륙을 너머. 여기에는
불가해한 자연의 도움이 있다. 그러나 최근 지구상에는 코로나 바이러스로
인해 인간의 이주와 확산을 인위적으로 억제하는 일부 락다운(Lockdown)
조치가 행해지고 있다. 이탈리아, 스페인 등의 유럽과 호주 등이 락다운을
통해 바이러스의 전파 차단을 시도했다.

080

빙산과 빙하의 도움

수 세기, 수만 년 동안 빙산과 빙하 역시도 종의
이주와 확산에 기여했다. 빙산은 얼음 속에 씨앗을
숨겨 옮기거나 육서 조류의 둥지까지도 운반했다.
빙하기는 알프스와 피레네, 유럽 최북단에 서식하는
동일한 식물들의 존재 이유를 설명해준다. 빙하기가
시작되며 좀더 생존에 유리한 환경을 찾아 북방의
식물들은 남쪽으로 이주했을 것이다. 그중 일부는
장벽을 만나 소멸하고, 살아남은 것들은 일대를
뒤덮으며 새로운 서식지에 적응했을 것이다. 그리고
다시 기후가 따뜻해지면서 북극성 생물들은 다시
북쪽이나 기후가 찬 산의 정상으로 이주했을 것이다.
이것이 수백 마일의 거리를 둔 동떨어진 산의
정상에서 동일한 종의 동식물들을 발견할 수 있는
이유다.

이리하여 우리는 미국과 유럽의 산지(山地)와 같이
매우 멀리 떨어진 지점에서 다수의 생물이 동일한
까닭을 이해할 수 있다.

❗ **짤고 메시지**

현재 인류는 유례없는 긴 간빙기를 살고 있다. 지구 온난화와 산업화의
덕분이랄까. 규칙대로라면 이미 지난 산업혁명 시기쯤 빙하기에
접어들었어야 했다.

081

빙하기 동안의 확산

지구가 빙하기에 접어들면서 극지 주변의 생물들은
생존에 유리한 기후를 찾아 적도 쪽으로 이주했다.
이때 육지로 연결된 극지 주변의 생물들은 아래쪽
생물들보다 좀더 이주에 자유로웠으리라 짐작한다.
그리고 남하할수록 대륙에서 이미 서식하고 있던
토착종들과 뒤섞여 경쟁했을 것이다. 이는 현재 온대
지방이라 할 수 있는 유럽과 북미 대륙의 생물들이
보여주는 다양성을 설명한다. 고립된 고산지대에
남겨진 생물들보다 온대 지방의 생물들은 토착종과
이주종이 섞인 다양한 모습을 보여준다.
빙하기의 영향은 육지뿐 아니라 바다에서도 보인다.
해양 생물들 역시 빙하기 동안 북극권 바다를 떠나
적도 부근까지 이주했고, 현재도 지중해와 우리나라
동해 인근 바다에서 다수의 갑각류와 어류에서 그
흔적을 찾을 수 있다.

북아메리카의 동서 해안과 지중해 및 동해, 그리고
북아메리카 및 유럽의 온대 육지에 사는 현재나
과거 생물 종의 밀접한 유연에 관한 이런 예들은
창조의 설로는 설명되지 않는다.

❗ 짧고 메시지

빙하기가 모든 생명을 얼려버린 것은 아니다. 생명체는 살아남기 위해
따뜻한 남쪽으로 이주했고, 빙하기가 물러난 뒤 다시 북상했다. 기후변화는
종의 이동과 확산에 직접적인 영향을 미친다. 1980년대까지 우리나라의
대표 생선이었던 명태는 지구 온난화로 인해 어획량이 급감해 현재는
대한민국 근해에서는 잡기 어려운 생선으로 꼽힌다.

082

빙하기의 선물

아마도 빙하기는 지구의 경도에 따라 약간의
오차는 있겠지만 전 세계적으로 동시에 존재했을
것이다. 그것도 북극에서 남극까지 오랜 시간 동안.
빙하기는 지구 곳곳에 아름다운 흔적을 남겨놓았다.
희망봉과 히말라야에 서식하는 유럽 종의 식물들,
보르네오 산의 정상에서 자라는 식물과 남부
오스트레일리아의 식물의 일치 등은 빙하기가 남긴
선물들이다.

이러한 식물의 지리적 분포는 빙하기를 거친
동물에서도 발견될까? 뉴질랜드에서 발견된
갑각류와 대영제국의 갑각류가 놀랍도록 닮았다는
사실은 이 의문에 답을 제시한다. 그리고 이 시기
동안 아마도 북극의 생물이나 온대 생물들보다 적도
인근에서 서식했던 열대 생물들이 더 많이 멸절했을
것이다.

지구가 겪은 가장 최근의 빙하기는 약 11만 년
전에 시작되어 1만 2천 년 전에 끝났다. 햇수로
가늠하기에도 어려운 이 시간 동안 생명에게는
혹독한 변화가 일어났다.

이 수 세기 동안에 약간의 귀화 동물이나 귀화 식물이 얼마나 광대한 지역에 퍼졌는가를 상기한다면, 이 지질 시대에 아무리 많은 이주가 행해졌더라도 이를 능가하기에 충분한 것이 될 것이다.

❗ **짤고 메시지**

10만 년의 빙하기. 현생 종들은 이 시간을 견뎌낸 생존자들이다.

083

빙하기의 남북전쟁

빙하기 동안 대개의 생명체가 멀고도 험난한 과정을 거쳐 이주의 역사를 이뤄냈다. 그중 북에서 남으로의 이주가 더 우세했다. 왜일까? 더 넓은 육지가 펼쳐진 북반구의 생명체들이 자연 선택과 경쟁을 통해 더 높은 단계의 진화를 보여주었기 때문이라고밖에 설명할 수 없다. 약한 남반구의 유기체들은 아마도 이 과정에서 도태의 비극을 겪었을 것이다. 도태는 멸절로 이어졌을 것이고, 오늘날 우리가 알고 있는 생태계가 형성되었다고 믿는다.

생명의 흐름은 어느 시대에는 북쪽으로부터, 또
다른 시대에는 남쪽으로부터 흘러와 어느 경우에나
적도에 이르렀다. 그러나 생명의 북쪽으로부터의
흐름이 강력하여, 남쪽으로 자유로이 범람했다고 할
수 있을 것이다.

❗ 짧고 메시지

누가 더 강한 지배력을 갖추고 있는가? 자연의 지리적 분포 역시 이주
전쟁이 낳은 승패의 역사다.

제 13 장

지리적 분포(속)

084

담수 생물의 너른 분포

흔히들 호수와 하천에서 서식하는 담수 생물은 식물
등과 비교해 이주와 확산에 불리하다고 생각하기
쉽다. 하지만 실제로는 정반대다. 다수의 담수 생물은
놀랍도록 넓은 분포 범위를 갖고 있으며, 근연종들은
전 세계에 퍼져 서식한다. 어떻게 이런 일이
가능할까? 우선 담수 어류의 확산은 지표면 높이의
변화, 홍수 등의 원인에 의해 너른 분포 범위를
갖는다. 그리고 염수 어류가 어떤 조건에서 담수에
적응한 예도 있다. 담수 패류 역시도 강이나 연못에
사는 오리나 왜가리 등의 조력자들에 의해 서식지를
확산한다. 오리의 발에 들러붙은 패류의 알이 긴
거리를 이동해 새로운 강이나 하천에 도착하는
식이다. 담수 식물 역시도 비슷한 방식으로 너른
분포 영역을 보여준다.

담수 식물 및 담수 동물이 넓은 분포를 갖는다는
것은 주로 동물에 의한 종자나 알의 넓은 산포,
특히 큰 비행력을 가지고 있어 수역으로부터
수역으로, 또 가끔 먼 수면으로 날아가는 담수성
조류에 의한 산포에 의존하는 것이라고 나는 믿고
있다.

❗ **짤고 메시지**

매우 하등한 패류조차도 조력자의 힘을 빌어 생존하고 확산한다.

085

대양도의 독특한 생태계

대양도란 원래는 바다였다가 화산활동 등으로
인해 바다 위로 솟아오른 섬이다. 화산섬과 산호섬
등이 있는데 외따로 고립된 대양도의 생태계는
같은 면적의 대륙에 비해 서식하는 종의 수가
현저히 적다. 반면 지구의 다른 곳에서는 찾을 수
없는 고유종들이 다량 발견되기도 한다. 그리고
때로는 대륙에서는 쉽게 발견되는 몇몇 강이나 목이
아예 존재하지 않기도 한다. 유명한 갈라파고스
제도에서는 파충류가, 뉴질랜드에서는 날개 없는
거대 조류가 포유류의 자리를 대신하는 식이다.
이는 일반적인 창조론에 위배된다. 과연 신은
대양도에 양서류와 육상 포유류를 창조하기에는
시간이 모자랐을까? 나는 이것이 자연 선택을 통한
변화와 대양도를 둘러싼 바다의 깊이 등에 따른
결과라고 믿는다.

전 세계의 많은 장소에서는 매우 작은 섬일지라도 대륙 가까이에만 있으면 작은 포유류가 서식하며, 작은 네발짐승이 귀화하여 크게 번식하지 못한 섬은 하나도 없다고 해도 과언이 아니다. 창조라는 보통 사고방식에 의하더라도 포유류 창조에 시간이 부족했다곤 할 수 없다.

❗ **짤고 메시지**

인간의 손이 닿지 않은 대양도는 종의 기원을 탐구할 수 있는 일종의 원시림이다. 우리나라에도 대양도가 있다. 한국의 갈라파고스라 불리는 울릉도와 독도가 여기에 속한다. 실제로 울릉도에는 우리나라 특산식물 약 328종 중 36종이 서식하고 있다. '명이나물'로 알려진 '울릉산마늘'이 대표적이다.

086

육서 패류의 생존력

독특한 종의 분포를 보이는 대양도들에서 어김없이
발견되는 종이 있다. 바로 육서 패류다. 대양도의
육서 패류들은 고립된 작은 섬뿐 아니라 커다란
섬까지, 흔히 볼 수 있는 종이다. 염분에 취약한 육서
패류는 어떻게 바다로 둘러싸인 대양도로 이주하고
생존했을까?

나는 아마도 육서 패류가 자신을 단단하게 감싸고
있는 껍데기와 숨문 뚜껑 덕분에 염분 등의 외부
환경으로부터 스스로를 보호하고, 조력자들의
도움을 받아 바다를 가로질러 지구 곳곳으로
확산되었으리라 생각한다.

나는 육서 패류가 월동하기 위해 껍데기의 입구
위를 막으로 덮고 있을 때 떠내려가는 나무토막의
갈라진 틈으로 들어가 상당히 넓은 거리의 바다를
건널 수 있을지도 모른다는 생각을 했다.

❶ 짧고 메시지

어떤 조개는 생존을 위해 껍데기를 꼭 다물고 무려 20일간이나 바닷물에
잠겨 있어도 되살아난다.

087

섬과 내륙 종의 유연 관계

갈라파고스 제도는 남아메리카 해안으로부터 약
500~600마일 떨어져 있다. 갈라파고스 제도의
생물들은 남아메리카의 생물들과 뚜렷한 유연
관계를 보여준다. 지리적 가까움이 종의 이주와
확산에 영향을 미쳤음이 분명하다. 반면, 갈라파고스
제도와 비슷한 섬들로 이루어진 카보베르데
제도의 생물들은 무척 큰 차이를 보여준다.
서아프리카에 위치한 카보베르데 제도의 생물들은
아메리카 대륙보다 아프리카 대륙의 생물들과
뚜렷이 연관되어 있다. 아마도 갈라파고스 제도는
아메리카로부터, 카보베르데 제도는 아프리카로부터
외래 동식물들이 유입된 듯하다.
섬의 토착 생물들은 가까운 대륙이나 인근 섬들과
연관되어 있는 것이 보편적인 법칙이다. 비슷한
예로, 뉴질랜드의 생물들은 지리적으로 가장 가까운
오스트레일리아의 생물들과 뚜렷한 유연 관계를
보여주고, 빙하기 이전에 유입되었으리라 짐작되는
남아메리카 대륙의 식물들과도 연결되어 있다.

실제로 섬의 고유한 생물이 가장 가까운 대륙 혹은
가까운 이웃인 섬들의 생물과 유연을 갖고 있다는
것은 거의 일반적인 규칙이다.

❗ **짤고 메시지**

가까운 것은 닮는다. 인간사에도 유연관계에 대한 예시로 '부부는
닮는다'라는 가설이 있다. 생활습관의 유사성이 외모까지도 닮게 한다는
주장이다. 그러나 최근 미국 스탠퍼드대 연구에 따르면, 부부는 닮는 게
아니라 원래 닮은 이성이 매력을 느껴 부부가 된다는 연구도 있다. 닮아서
만났건, 만난 후 닮아갔건, 이해하고 닮아가려는 노력이 중요하다는 통계로
읽힌다.

088

갈라파고스 제도의 종들

섬과 인근 대륙의 생물들이 근연 관계로 맺어져
있는 것과 마찬가지로, 커다란 제도 안에 흩어져
있는 섬들의 생물들 역시 다른 어떤 지역보다
가까운 근연종들이다. 그러나 제도 안의 생물들은
또 다른 특징도 보여준다. 갈라파고스 제도의 경우,
각 섬에 형성된 새로운 종들이 인근 섬으로 빠르게
퍼져나가지 않았다. 실제로 갈라파고스 제도의
수많은 새들은 서로 다른 종이다. 이런 현상이
벌어지는 이유는 종의 강력한 이주력 외에도 새로운
이주지에서 적응해 살아남기 위해 생존 투쟁에서
승리를 거두는 일이 무엇보다 중요하다는 사실을
증명한다.

널리 분포한다는 것은 다만 장벽을 넘는 능력을
포함하는 것만이 아니라, 먼 곳의 낯선 이웃과의
생존 경쟁에서 승리를 거둔다는 한층 더 중요한
능력을 포함하는 것이기 때문이다.

❗ 짤고 메시지
남북정상회담 당시 북한의 김정은 위원장이 남긴 말이 있다. "멀다고 하면
안 되갔구나." 사실, 지리적 거리는 중요치 않다. 종의 생존 본능은 거리
따위는 쉽게 뛰어넘는다. 거리보다 중요한 것은 종의 이익, 생존이다.

제 14 장

생물의 상호 유연·
형태학·발생학·
흔적 기관

089

집단의 분류

최초에 하나의 생명이 탄생한 후, 모든 생물들은
대물림에 따라 서로 유사성을 갖게 되었다. 우리는
이런 유사성에 따라 집단을 분류하는데, 같은
집단에 속한다고 모두가 비슷한 형질을 보여주는
것은 아니다. 실제 자연에서 관찰한 바에 따르면,
비슷한 집단의 구성원들조차 극한 경쟁에 돌입하면
끊임없이 형질을 분기하며 새로운 변종을 낳는다.
그리고 이 과정에서 덜 개량된 형태들은 멸종하고,
그 자리를 새로운 종들이 대체한다. 이것이 필연적인
자연의 선택이다.

많은 박물학자들은 자연적 분류 체계를 적용해
생물을 분류한다. 자연적 분류 체계란 계통의
근연성을 바탕으로 개체들 사이에 숨겨진
유사성으로 구분의 틀을 정하는 것이다. 여기서
유사성이란 외적 유사성을 뜻하지 않는다. 생존에
꼭 필요하고 생리학적으로 중요한 기관들의
유사성들이야 말로 집단을 분류하는 기준이 된다.

형질이 속을 만드는 것이 아니라 속이 형질을
이루는 것이라는 린네의 유명한 말은, 다소
은유적이긴 해도 우리의 분류에는 단순한 유사뿐만
아니라 뭔가 더욱 깊은 유대가 있음을 은근히
말해주고 있다.

❗ 짧고 메시지
박물학자들에게 집단의 분류는 골칫거리였다. 드러난 형질로 구분할
것인가? 숨겨진 무언가로 계통을 나눌 것인가? 고래가 포유류(포유강)일
수 있는 이유 또한 젖을 먹여 새끼를 키우고, 상어 같은 어류와 달리 폐로
호흡하는 정온동물이기 때문이다.

090

분류의 어려움

집단의 분류는 창조자의 계획을 설명한 해설서일까?
아니면 그저 닮은 형태들을 모아놓은 틀일까?
여기에는 생명체의 외적 유사성 못지않게 유기체의
삶과 긴밀하게 연관되어 있는 구조적 특질도
중요하다. 대표적인 것이 생식 기관이다. 생식 기관은
먹고 사는 일차적 본능과는 큰 상관이 없어 덜
중요하다고 여겨지는데, 오히려 집단의 분류에서는
엄청난 중요성을 가진다. 생존에 꼭 필요하고
생리학적으로도 상당히 중요한 생식 기관은 종의
집단에서 비교적 변화를 덜 겪은 구조이자 일정함을
유지하고 있기 때문이다. 흔적 기관과 퇴화한
기관들도 마찬가지다. 반추동물의 위턱에 흔적으로
남아 있는 이빨과 다리가 반추동물과 후피동물의
유연 관계를 보여주는 식이다.

생리학적인 중요성으로 볼 때는 매우 사소하다
여기지 않을 수 없는데도, 그 생물군 전체를
정의하기 위해서는 고도로 유용하다고 누구나
인정하는 신체의 부분에 대한 형질의 예는 얼마든지
들 수 있다.

❗ 짧고 메시지

사소한 것은 없다. 단지, 지금, 사소해 보일 뿐이다.

091

형질들의 집합

집단의 분류에 있어 형질이 갖는 중요성은 그것이
다른 형질과 얼마나 연관되어 있느냐다. 특별한
하나의 형질만으로 집단을 분류하려 시도하는
박물학자라면 반드시 오류에 맞닥뜨리게 될 것이다.
유기체는 그 어떤 부분도 보편적으로 일정하지
않기 때문이다. 아무리 사소한 형질이라도 그것들이
모여있는 형질 집합체는 그 자체만으로 속의 형질을
부여한다.

만일 어떤 형질이 다른 여러 형질과 항상 상관되고 있다는 것이 알려졌다면, 그런 형질 간에 명확한 결합의 유대가 발견되지 않더라도 그런 것에는 특별한 가치가 주어진다.

❗ 짧고 메시지

특별한 하나보다는 미미한 여럿이 집단의 색깔을 규정한다.

092

분류학의 난점들

분류학에서는 배(胚)에서 나타나는 형질이 성체에서 나타나는 형질만큼이나 중요하다. 불완전해 보이는 배가 이토록 높은 가치를 갖는 이유는, 우리의 분류가 종의 모든 시기를 아우르고 있기 때문이다. 또한 분류학은 유연 관계의 연쇄들과도 연관되어 있다. 공통적인 형질이 하나도 없어 보이는 갑각류를 보면 마치 다른 종에 더 가깝게 느껴지기도 한다. 하지만 갑각류의 종들끼리 맺고 있는 사소한 유연 관계는 결국 갑각류와 다른 체절동물을 구분하는 기준이 된다.

이 외에도 지리적 분포, 아직은 뚜렷이 구분할 수 없는 상대적 가치도 분류학자들의 자의적 판단에 의해 분류 기준이 되어 왔다. 그러나 이런 기준들은 이어지는 연구의 진전에 의해 새롭게 밝혀지기도 한다.

'자연적 체계'는 변화를 동반하는 계승에 의거한 것이라는 사실, 박물학자들에 의해 둘 또는 그 이상의 종 사이의 참다운 유연을 제시한 것으로 생각되고 있는 형질은 공통적인 조상으로부터 유전된 것이며, 그런 참다운 분류는 모두 계통적인 것이 된다는 것, 유래의 공통성은 박물학자가 무의식적으로 탐색해 온 숨겨진 유대이며, 알지 못하는 어떤 창조 계획이나 일반적인 명제의 진술이 아니고 조금이라도 닮은 대상을 그저 한데 묶었다 떼었다 하는 것도 아니라는 것 등을 설명하는 견해이다.

❗ 짧고 메시지

우리가 생활 속에서 흔히 쓰는 외래어 중 '와사비'라는 게 있다. 회 등 일식 요리를 먹을 때 곁들이는 양념이다. 와사비라는 일본식 표현이 께름칙했던 국립국어원에서는 '고추냉이'라는 우리식 표현을 추천하고 있다. 그런데 과연 와사비와 고추냉이는 같은 식물일까? 식물 분류학의 관점에서 보면, 둘은 엄연히 다른 식물이다. 와사비의 학명은 'Eutrema japonicaum'이고 고추냉이의 학명은 'Cardamine pseudwasabi'다. 때로 분류학과 언어의 불일치가 나타나기도 한다.

093

계통적 분류

강에 속한 각각의 집단을 적절히 분류하고
배열하는데 있어 계통은 상당히 중요하다. 계통에
따라 분류하다 보면 아무리 공통의 조상으로부터
내려왔다 하더라도 집단마다 차이점의 양이
다르다는 것을 알 수 있다. 이는 각 집단이 겪은
변화의 정도가 다르기 때문이다.
계통적 분류에 대한 이해를 돕기 위해 언어에
비유해보자. 세상에는 다양한 언어가 존재한다.
최초에는 하나의 언어에서 출발했겠지만 다양한
지역에서 각기 다른 인종이 발생하며 언어 역시도
변화하였다. 어떤 언어는 새로운 언어와 방언으로
발전했고, 어떤 언어는 현재까지도 거의 변화하지
않고 이어진다. 자연의 분류 역시 이와 마찬가지로,
하나의 종에서 유래한 변종, 변종에서 파생된
아변종들로 이어진다.

자연 분류법은 마치 계통도(系統圖)처럼 그 배열상 계통적이기는 하지만, 여러 가지 군이 받은 변화의 양은 그들을 여러 가지 속·아과·과·절·목 및 강 밑에 배치하는 것으로 표시해야 한다.

❗ 짤고 메시지

변화는 직선으로만 이어지지 않는다. 가지를 치고 샛길로 새어 새로운 변화를 만들어내기도 한다. 그러니 두려워하지 말 것.

094

변종의 분류

하나의 종에서 유래한 변종의 분류를 살펴보자.
변종은 종에 속한다. 혈통상 가깝다는 의미다. 하지만
변화의 정도는 다르다. 순무를 예로 들면, 스웨덴
순무와 보통 순무는 굵은 줄기가 배우 비슷하지만
같은 종은 아니다. 일정한 부분과 변화한 부분이
각각 존재한다. 여기서 일정한 부분이란 계통의
질서를 보여주고, 변화한 부분은 둘 사이를 변종으로
가르는 기준이 된다.
많은 박물학자들이 종의 분류에 계통을 도입한다.
계통은 종들 사이에서 동일하게 발견되는,
부모로부터 물려받은 특징이다. 이 무의식적 요소는
종을 속으로 묶고, 속을 다시 더 상위 집단으로
묶어낼 수 있는 형질이다.

설사 사소한 것이라 하더라도 다수의 형질이 함께
나타나서 갖가지 습성을 지닌 크나큰 생물군을 통해
존재하고 있다면, 우리는 계통의 학설에 의거하여,
이런 형질은 공통의 조상으로부터 유전된 것이 거의
확실하다고 느낀다. 그리고 우리는 이런 것들의
집합적 형질이 분류에 있어 특별한 가치를 갖는다는
것을 알게 된다.

❗ 짧고 메시지

계통, 혈통이 나와 타자를 가르는 무의식적 기준이다. 종종 이 무의식이
편을 가르고 차별을 낳기도 한다. '한민족은 단일민족'이라는 허상이
대표적이다. 실제 한국인은 단일민족이 아니다. 북방계와 남방계가 섞여
있고, 유럽인의 유전자도 일부 섞여 있다.

095

상사적 유사성

여기서 잠깐 짚고 넘어가야 할 게 있다. 진정한 유연
관계와 상사적, 혹은 적응적 유사성을 구별하는
것이다. 포유류의 앞다리와 어류의 지느러미는
상사적(相似的) 구조다. 상사적이란, 기원은
다르지만 기능이나 형태가 같은 것을 뜻한다.
포유류인 고래의 지느러미는 앞다리가 변화한
것으로 어류의 지느러미와 상사적인 기관이다.
그래서 포유류인 고래와 어류를 나누는 특별한
형질이 된다. 반면 고래 집단 사이에선 고래과들의
유연 관계를 보여주는 형질이기도 하다. 고래의
지느러미처럼 보이는 앞다리는 물속 생활에 적응한
대표적 형질이다. 즉, 적응적 형질이다. 이런 형질은
고래류들이 공통의 조상으로부터 물려받은 형질로
고래의 생존에 중요한 형질이다. 하지만 이런
상사적이거나 적응적인 형질로 집단을 분류하지는
않는다. 고래와 어류가 같은 집단이 아닌 것처럼.

유사는 본래의 계통에 대한 혈연 관계를 나타내지 않을 뿐만 아니라, 오히려 그것을 숨기려는 경향이 있다.

❗ **짧고 메시지**

계통의 숨겨진 연대에 주목해야 한다.

096

유연 관계의 본질

조상으로부터 유리한 형질을 물려받은 종이나
집단은 자신들의 집단을 키우고 작고 약한 집단을
대체하는 경향이 있다. 그리하여 현존하거나 멸절한
모든 생물들은 소수의 커다란 목, 소수의 강으로
귀납된다. 이것이 자연의 분류 체계다. 이것을
그림으로 상상해 보면, 공통 조상으로부터 형질을
물려받은 구성원들이 촘촘히 연결되는 복잡하고도
방사형인 유연 관계를 그려볼 수 있다. 형질 분기를
통해 연결된 방사형의 고리들 사이에는 이제는
멸절해 찾아볼 수 없는 중간 집단들이 있었을
것이다. 이들은 경쟁자들에게 정복되어 사라졌지만,
완전히 달라 보이는 두 집단의 가교가 되어 유연
관계의 한 축을 지탱했을 것이다.

수많은 종은 다수의 선행자를 거쳐 증대해 온
갖가지 길이의 우회적인 유연에 의하여 서로
관계지어져 있을 것이기 때문이다.

❗ 짤고 메시지

가까이에서 유연관계를 이해하는 재미난 방법. 신한국당-한나라당-
새누리당-자유한국당-미래통합당-국민의 힘! 중간에 멸절한 정당으로는
신한국당과 합당한 통합민주당이 있다.

097

멸절에 대한 이해

이미 사라졌지만 분명히 존재했을 생명들이 있다.
어류와 양서류를 연결했던 어떤 존재, 조류와
척추동물을 구별했을 존재들 말이다. 지금은
끊어졌지만 과거에는 이 유연 관계의 사슬을
연결했을 생명들, 그들은 멸절이라는 이름으로
역사의 뒤안길로 사라졌다.
멸절은 집단의 분류에 있어 빈칸을 채우거나 간격을
띄우는 역할을 한다. 그리고 멸절을 상상해볼 수
있는 유일한 근거는 이어진 집단들에서 공통으로
발견할 수 있는 형질, 가느다란 유연 관계가 될
것이다. 멸절에 대한 이해 없이는 자연 분류 체계의
거대한 계보도를 완성할 수 없을 것이다.

우리는 생존 경쟁(투쟁)의 결과로서 일어나고, 어떤 우세한 원종에서 유래하는 다수의 자손에 있어 형질의 소멸과 분기를 거의 불가피하게 산출하게 하는 자연 선택에 의해 모든 생물의 유연, 다시 말해서 군 밑에 군을 두게 되는 거대하고 보편적인 양상을 설명할 수가 있다는 것을 알았다.

❗ **짤고 메시지**

계보도의 빈칸. 거기에도 무언가가 있었다. 대표적으로 공룡과 매머드를 떠올려보자. 커다란 몸집에도 불구하고 빙하기를 견디지 못하고 멸절한 종이다. 현재의 자연계에서도 많은 종들이 멸절의 위기를 겪고 있다. 환경부가 정한 1급 멸종위기 동식물에는 늑대, 반달가슴곰, 사향노루, 산양 등이 포함되어 있다.

098

유기체들의 형태학

동일한 강에 속하는 구성원들은 구조적인 면에서
유사성을 띤다. 예를 들어, 물건을 움켜쥐는 인간의
손, 땅을 파는 두더쥐의 앞발, 말의 발, 돌고래의
물갈퀴, 박쥐의 날개 등은 동일한 원리로 움직이고
서로 비슷한 위치에 같은 골격을 갖고 있다. 이런
기관을 상동 기관이라고 하는데 크기나 형태는
달라도 발생학적으로 같은 기원을 갖는다. 이러한
유기체의 구조적 유사성을 다루는 것이 형태학이다.
형태학의 관점에서 동일한 강의 구성원들은 종에
따라 엄청난 변화를 겪지만 기본적인 구조의 틀은
변화하지 않는다는 점에서 상동이다.

각각의 생물이 개별적으로 창조되었다는 통상적인
생각에 따른다면, 우리는 다만 그렇기 때문에 그런
것이라고밖에 말할 수 없다.

❗ 짤고 메시지

형태학은 박물학의 진수이며 가장 흥미로운 분야다. 창조설로는 설명되지
않는 과학적 근거를 '형태'로 보여주기 때문이다.

099

한 개체 내 부위의 형태학

형태학적으로 흥미로운 또 한 가지 주제는 동일한 개체의 서로 다른 부위와 기관을 비교하는 것이다. 갑각류의 턱과 다리, 박쥐의 날개와 다리를 비교하는 것처럼. 모든 꽃의 꽃받침, 꽃잎, 수술과 암술이 동일한 나선형 패턴을 보이는 것은 왜일까? 다시 한번 자연 선택에 주목해야 한다. 생명체의 자연 선택이 오랜 변화의 과정 동안 기원이 같았던 구조나 기관을 다양한 목적에 따라 다르게 적응시켰기 때문이다. 이것이 대물림의 법칙에 따라 후손에게 이어졌고, 현재 우리는 형태상으로는 다르지만 분명 그 기원이 같았음을 유추할 수 있는 다양한 예를 만나게 된다.

두개골과 척추골, 턱과 다리가 한쪽이 다른
쪽으로부터 변형된 것이 아니라, 제각기 모두 어떤
공통된 요소에서 변태한 것이라고 말하는 편이 훨씬
더 정확할 것이다.

❗ **짤고 메시지**

사람의 머리뼈와 척추뼈는 형태상으로는 전혀 달라 보이지만 그 기원은
하나였으리라.

100

발생학이 주는 재미

성체가 되어서는 뚜렷이 구별되는 기관들이 배
상태였을 때는 정확히 동일한 경우가 있고, 같은
강에 속하는 여러 동물들의 배가 포유류인지
조류인지를 구별할 수 없을 정도로 닮은
경우도 있다.

유기체의 발생학은 변화를 동반한 계승, 진화의
관점에서 이러한 의문들을 설명한다. 유기체에서
발생하는 변이는 배 이전 단계나 배가 형성되기도
전에 부모 종에 의해 야기되고, 성장의 여러 단계,
심지어 아주 노령에도 외화된다. 그것은 외적인
환경에 영향을 받기보다 조상으로부터 물려받은
형질에 따른다. 종은 조상의 조상, 그 기원으로부터
계통적으로 연결되어 있어 각 개체를 분류할 수
있게 한다. 이때 배는 아직 덜 변화된 상태, 조상의
형질을 더욱 잘 보여준다. 따라서 유기체 배 구조의
공통성은 계통의 공통성을 보여주는 증거이며, 종의
기원, 공통의 부모 형태를 그려보게 하는 밑그림이다.

우리가 배(胚)를 같은 커다란 강(綱)에 속하는
성원 전부의-그것의 성체 상태에서든 유충
상태에서든 간에- 시조를 보여주는 다소 명료하지
않은 그림이라고 볼 때, 발생학의 흥미는 훨씬 더
증가된다.

❗ 짤고 메시지
초음파 사진 속 태아의 사진이 모두 비슷해 보이는 것도 마찬가지 이치.

101 /

살아있는 화석, 흔적 기관

사람에게도 흔적 기관이란 게 있다. 남성의 젖가슴.
도통 쓸모 없는 이 기관은 아직도 모든 남성에게서
나타난다. 흔적 기관은 그 기원과 의미를 여러
방법으로 나타낸다. 당장은 효용이 없어 보이지만
잠재 능력을 갖고 있는 경우, 두 가지 목적에
이용되다 더 중요한 목적을 위해 흔적으로 남게 된
경우 등이다. 그리고 다수의 흔적 기관이 배 상태일
때는 성체 상태일 때보다 더 크고 뚜렷하게 발달해
있어 장차 흔적 기관이 될 것이라고는 상상할 수
없는 경우도 많다.

고도로 정교하고도 복잡한 유기체에서 불완전하고도
무용한 흔적 기관이 나타나는 원인은 아마도 불용과
선택의 결과일 것이다. 차츰 소용이 없어지다 결국엔
흔적으로만 남게 되었거나, 자연 선택의 과정에서
이로운 목적을 상실한 채 점차 위축되어 모양만 남게
된 경우다. 그러다 자연의 경제성 원리가 더욱 크게
작용하면 결국엔 완전히 소멸될 것이다. 흔적 기관은
자연의 생명체가 자연 선택의 과정에서 대물림되고
진화한다는 나의 주장을 방증한다.

흔적 기관은 단어의 철자 속에 남아 있으나 발음을
위해서는 필요가 없으며, 어원(語源)을 찾는
열쇠로서 유용한 묵음과 비교할 수 있다.

❶ 짤고 메시지

흔적 기관: 효용은 없지만 기원과 계통을 상상케 하는 가치는 있다. 인간의
대표적 흔적기관은 이각근, 사랑니, 꼬리뼈, 체모 등이다. 대개 인간이
이족보행을 하고 음식을 익혀 먹기 시작하며 기능을 상실해 흔적만 남게
되었다.

제 15 장

요약과 결론

102

자연 선택 이론에 대한 이해

자연의 복잡한 기관과 본능이 개체에게 이로운 많은
변이의 축적으로 완성된다는 것을 믿는 게 쉬운
일은 아니다. 하지만 몇 가지 명제를 인정한다면
가능하다. 첫 번째는 모든 생명체의 기관과 본능이
완성되기까지 점진적인 변화의 단계가 있고,
둘째 그 단계들은 개체에 유리한 방향으로 움직이며,
셋째 모든 기관과 본능은 아주 미미할지라도
변이한다는 것, 마지막은 그 과정에 생존 투쟁이
있다는 점이다.
앞서 밝혔던 "자연은 도약하지 않는다"라는 명제를
기억하며, 자연계에서는 현재도 무수한 점진적
변화가 발생하고 있다고 밝히고 싶다. 물론, 나의
자연 선택 이론을 이해해도 몇몇 난점에 부딪쳤음을
알고 있다. 앞장들에서 이에 대한 견해를 정리했지만,
주요 문제점들에 대해 다시 한번 설명해본다.

변이와 자연 선택에 의한 변화를 수반하는 계통의 학설에 대하여 다수의 중대한 이론(異論)이 제기될 수 있으리라는 것을 나는 부정하지 않는다.

❗ 짧고 메시지

드디어 다윈의 주장이 막바지를 향해 치닫고 있다. 앞선 이론에 대한 요약이자 창조설에 대한 부정, 자연 선택 이론과 진화론에 대한 다윈의 학설을 정리한다.

103/

종간 교배와 변종 간 교배

자연 선택 이론을 이해하는데 있어서 가장
흥미로운 난점은 서로 다른 종끼리 교배되었을
경우 보편적으로 불임성이 나타나는 반면, 변종
간의 교배에서는 수정이 가능하고 그로부터 얻은
잡종 자손 역시도 대개 생식이 가능한 것이다. 이는
종들이 가지는 생식계 차이에 따른 결과로 보여진다.
특히 변종들은 대부분이 사육과 재배라는 환경에서
태어나 불임성을 제거하는 경향이 있다. 이는
변종 간 교배에 영향을 미쳐 생식 능력을 얻는데
기여했으리라 여겨진다.

생활 조건의 사소한 변화가 모든 생물에 대해
활력과 생식 가능성을 준다고 믿을 만한 충분한
이유가 있다. 우리는 같은 변종의 개체 사이에서의
교배 및 다른 변종 간의 교배가 그들의 자손의 수를
증가시키며, 또 확실히 크기와 활력을 증가시킨다는
것을 알고 있다.

❗ 짤고 메시지

고착된 환경, 지루한 삶의 조건은 불임마저도 야기한다. 반면, 사소한
변화가 활력과 번식에 기여한다.

104

지리적 분포의 비밀

종의 지리적 분포 역시도 변화를 동반한 계승 이론에
난점을 제기했다. 상상을 초월하는 광범위한 종의
이주, 드문드문 끊긴 분포 영역 등은 지구에서
벌어진 드라마틱한 기후 변화와 지리적 변화를
알아야만 이해 가능하다. 분명한 것은, 빙하기와 같은
엄청난 기후 변화와 지표면의 변화가 종의 이주를
야기했고, 더불어 종의 변이에 영향을 미쳤다는
점이다.

지구상에 영향 중 갖가지 기후적, 지리적 변화의
모든 범위에 관해서 아직도 무지하다는 것을 부정할
수는 없으나, 그와 같은 변화는 분명히 이주를 매우
용이하게 했다.

❗ 짧고 메시지

21세기 지구는 몸살을 앓고 있다. 2018년의 기록적인 폭염, 2020년 1월의
이상 고온 등은 전 세계적인 기후변화와 연관된다. 지구인들은 2015년
파리협정을 통해 온실가스 감축 등의 국제적 약속을 했지만, 기후변화는
여전히 기후위기로 이어지고 있다.

105/

멸절과 지질학적 기록의 불완전함

미세한 변이의 축적으로 현재에 이르게 된 종을
이해했다 해도, 중간중간 뚝뚝 끊긴 종의 존재는
어째서 발견되지 않는가라는 질문도 있다. 종과 종
사이를 연결해주는 이 연결 고리는 이미 멸종하여
근연인 종들로만 그것들이 한때 존재했음을
증명한다. 따라서 멸종한 종이 있었음을 이해해야만
갑자기 툭 튀어나온 듯한 근연종들을 이해할 수
있고, 우리의 지질학적 기록이 불완전하다는 사실을
인정해야만 변화를 동반한 계승 이론을 받아들일 수
있다.

대부분의 지층은 그 누적 기간에 단절이 있다.
그리고 그 기간은 종의 형태의 평균 기간보다 짧을
것이다. 차례로 포개진 지층은 상호 간에 거대한
시간의 공백으로 떨어져 있다.

❗ 짤고 메시지
지질학적 기록의 불완전함을 받아들여라. 공백이 단절은 아니다.

106

생존 투쟁과 자연 선택

자연계에서보다 사육과 재배 하의 환경에서 종은
새로운 자극에 노출되고 더욱 많은 가변성을 보인다.
종의 가변성은 많은 복잡한 법칙들에 지배되는데
연관 성장, 사용과 불용, 환경의 직접적인 영향
등이다. 종의 가변성은 일단 작동하기 시작하면
완전히 멈추지 않는다. 이것이 여전히 새로운 변종이
탄생하는 이유이기도 하다.
인간은 의식적으로 유기체의 가변성을 조작하기
힘들지만, 무언가 유리한 목적을 위해 무의식적인
선택을 진행한다. 인간이 할 수 있다면 당연히
자연도 할 수 있다. 자연 상태의 동식물 역시 생존에
유리하도록 무의식적 선택을 계속한다. 그래야
기하급수적으로 증가하는 개체 중에 살아남아 종을
보존하고 후손을 기약할 수 있기 때문이다. 생존
투쟁은 보편적으로 다른 종들보다 같은 종 내부에서
더욱 치열하다. 생존만큼이나 중요한 번식에도
'선택'이 중요하다. 아주 사소한 이점만으로도
암컷의 선택을 받는 수컷은 당연히 더 많은 자손을
남길 수 있다. 그렇게 자연의 균형이 맞춰진다.

끊임없이 일어나고 있는 생존 투쟁에 있어 유리한
개체 및 품종이 보존되는 일 가운데, 가장 강력하고
끊임없이 작용하는 '선택'의 여러 형태를
볼 수 있다.

❗ 짧고 메시지

균형은 선택과 집중, 투쟁과 경쟁을 통해 이루어진다. 자연에서는 가장
완벽한 것이 살아남는 것이 아니라, 좀더 완전해지려고 노력하는 것들이
살아남는다.

107/

변종으로부터의 출발

종이란 대단히 뚜렷한 영속적인 변종에 지나지
않는다. 모든 종은 변종으로 출발한다. 그리고
기하급수적으로 번식해 개체수를 늘린다. 이때
자연의 경제성에 따라 개체수가 조절되고, 그
과정에서 자연 선택을 통해 하나의 종에서 다양한
변종으로 확장된다. 새롭게 개량된 변종들은 덜
개량된 변종들과의 전투에서 승리해 그것들을
대체한다. 멸절은 이때 어쩔 수 없이 발생하는
필연적 선택이며, 살아남은 우세한 형질의 변종들이
더욱 커다란 집단을 이루게 된다. 이렇게 자연의
모든 생명체는 종의 수렴을 거쳐 속으로, 더 거대한
강으로 배열된다.

온갖 생물의 종류가 군을 군에 종속시키는 방식으로
소수의 커다란 강 속에 배열된다.

❗ 짤고 메시지

대학을 중퇴한 괴짜 친구들이 모여 컴퓨터를 만들어 동네 컴퓨터 가게에서
50대를 판매한 것이 애플의 시작이었다. 출발은 열정 넘치는 변종들의
의기투합이었지만, 현재 애플은 컴퓨터 시대를 열고 전 세계 이동통신
시장의 주류로 성장했다.

108/

거의 절대적인 완전성

자연 선택은 느린 변화의 과정이다. 일단 종에게
획득된 형질은 유전되고, 그리하여 변화한 구조는
생존에 유리한 목적을 향해 적응된다. 자연 선택은
그러한 방식으로 자연의 빈자리를 새로운 종들로
채워나간다. 그러나 이 과정 중 때때로 인간의
눈으로 보기엔 불완전한 사례들도 있다. 여왕벌이
생식 가능한 자신의 딸을 본능적으로 증오하는 것,
맵시벌과의 곤충이 살아있는 쐐기벌레의 체내에서
살면서 그것을 먹어치우는 일 등을 관찰할 때마다
어째서 이런 일이 벌어지는지 이해하기 어렵다.
하지만 이 또한 섬세하고도 뚜렷한 자연 선택의
결과이다.

자연 선택설의 입장에서 놀라운 것은, 절대적인
완전성이 결여되어 있는 예가 많지 않다는
사실이다.

❗ 짧고 메시지

영화 <쥬라기공원>의 한 장면.

이안 말콤 박사: 진화의 역사가 우리에게 가르쳐준 교훈을 한 가지 꼽자면,
생명은 갇혀있지 않으려 한다는 겁니다. 생명은 장벽을 깨고, 새로운
영역으로 확장해 나가려 해요. 그 장벽이 고통스럽고 아무리 위험해도 부수고
뚫습니다. 그러니까… 그렇다고요.

존 해먼드: 그러시겠지.

헨리 우 박사: 박사님은 암컷으로만 이루어진 무리가 번식할 수 있으리라고
보는 겁니까?

이안 말콤 박사: 아뇨, 제 말은, 생명은… 방법을 찾는다는 겁니다(Life,
uh...finds a way).

109/

변이를 지배하는 법칙

종의 변이에서 물리적 환경은 부차적 요인이다.
오히려 사용과 불용은 종의 변이에 일정 정도
영향을 미치며, 연관 성장은 매우 중요한 역할을
해 한 부분이 변화하면 필연적으로 다른 부분
역시 변화한다. 그리고 때때로 이미 상실된 것처럼
보였던 형질로의 복귀가 일어나 종의 공통 형질을
상기시키기도 한다.

또한 동일한 속에 속한 종들은 공통의 형질에 비해
개별 형질이 더 쉽게 변화한다. 이는 아마도 종과
변종을 구별하는 특징이라 할 수 있겠다. 종은
변종에 비해 더 영구적인 형질을 지닌 존재라고
이해할 수 있다.

종이란 여러 형질이 고도로 영속적이 되어 특징이
뚜렷한 변종에 지나지 않는 것이라고 한다면, 그
사실을 이해할 수 있다.

❗ 짧고 메시지

계속해서 점진적으로 변화하는 자연계에서 변화 가능성이 낮은 무언가를
움켜쥐고 있다면 종(존재)으로써의 자격은 충분하다.

110/

본능의 역설

본능 역시도 자연 선택에 의해 오랜 시간 서서히
획득된 것이다. 꿀벌의 놀라운 건축 능력과 같은
본능은 점진적인 변화의 원리가 축적된 종의
본능이다. 때로 습성은 본능마저도 변화시키지만,
대부분 조상으로부터 공통으로 대물림된 본능은
각기 다른 환경에서도 근연종들로 하여금 같은
본능을 지니게 한다. 이는 종이란 것이 사실은
항속적인 변종에 불과하다는 사실을 다시금
확인시킨다. 또한 수많은 종간 교배와 잡종 간 교배,
그리고 대물림을 통해 종의 본능을 이어가는 현상은,
결국 종이 별개로 창조된 것이 아님을 입증한다.

종은 개개가 독립되어 창조된 것이며, 변종은
이차적인 여러 법칙에 의하여 생긴 것이라고
한다면, 이 유사(類似)라고 하는 것은 기묘한 사실이
되어 버린다.

❗ 짧고 메시지

종의 번식은 생명의 본능이다. 오늘날 우리사회가 떠안고 있는 저출산
문제는 번식이 생존에 유리하지 않기 때문에 발생하는 문제다. 2019년
우리나라 합계출산율은 0.918명이었다. 한 명의 여성이 가임기간 동안
채 한 명의 자녀도 낳지 않는다는 이야기다. 출산장려금을 지급하는 대신
출산과 양육, 즉 번식에 유리한 환경을 만드는 것이 답일 수 있겠다.

111 /

멸절 종의 존재 이유

자연에서 낡고 오래된 종은 새롭고 개량된 종에 의해
대체된다. 이 과정에서 발생하는 것이 종의 멸절이다.
한번 멸절된 종은 다시 생명의 무대 위로 등장하지
못한다. 우리가 멸절한 종의 존재를 확인하는 것은
그저 부분적이고 불완전한 지질학적 기록을 통해서
뿐이다. 그럼에도 멸절 종이 의미를 갖는 것은,
진화하는 종과 종 사이의 중간 단계를 유추하게 하기
때문이다. 공통의 조상으로부터 현재에 이르기까지,
진화의 사슬에서 비어 있는 공백을 설명해주는
존재가 멸절 종이다.

종 및 종군 전부의 절멸은 생물계의 역사에서
대단히 눈에 띄는 역할을 하고 있는데, 이것은
자연 선택의 원칙에 의하면 거의 불가피하다. 낡은
종류는 새롭게 개량된 종류에 의하여 그 지위를
빼앗겨 버리기 때문이다.

❗ 짧고 메시지

멸절이 진화를 증명하는 아이러니.

112

종과 지리적 분포

종의 지리적 분포에 있어 먼저 이해해야 할 것은 오랜 시간 동안 지구에서 일어났을 기후와 지리적 변화이다. 세대로 이어진 유기체들은 지질학적 천이와 같은 방식으로 오랫동안 서식지를 이동하고 낯선 서식지에 적응했다. 특히 빙하기라는 드라마틱한 기후 변화는 오늘날 지구상에서 발견할 수 있는 유기체의 분포를 설명하는 중요한 단서이다. 이주는 유기체의 변이에도 영향을 미쳐 고립된 대양도 같은 곳에서는 독특한 고유종들이 살아남게 했고, 인접한 지역의 유기체들은 서로 영향을 주고받으며 근연종들을 발전시켰다.

옛날에 일어난 기후적·지리적 변화, 또 무엇인지는
모르지만 우발적인 확산 수단에 의하여 장구한
기간이 경과하는 동안에 세계의 어떤 지역으로부터
다른 지역으로의 이주가 행해졌음을 인정한다면,
'분포'에 있어서의 커다란 주요 사실의 대다수가
변화를 동반하는 계승 학설에 의거하여 이해될 수
있다.

❗ 짤고 메시지
'시간'을 이해해야 '공간'과 '분포'를 알 수 있다.

113 /

종의 계보

멸절을 사이에 둔 종의 연결, 상위 집단과 하위
집단으로 이어진 자연의 계보는 종의 유연 관계가
얼마나 정교하고도 우회적인지를 이야기한다.
따라서 정확한 종의 분류는 언제나 어려운 숙제인데,
이때 형질에 대한 이해, 특히 발생학적인 형질의
가치는 매우 중요하다. 거슬러 올라가면 모두가
대물림으로 연결되고, 종국엔 인간의 혈통, 족보와
비슷한 계통을 이루고 있다는 사실을 발견하게 된다.
종의 계통을 인정하게 되면 생명체에 대한 이해는
더욱 명확해진다. 쓸모없어 보이는 흔적 기관이 왜
남아있는지, 포유류와 조류, 파충류, 어류의 배아가
어떻게 구별할 수 없을 만큼 비슷한지도 알게 될
것이다.

모든 생물의 참다운 유연은 유전, 다시 말해서
계통의 공통성에 의한 것이다.

❗ 짧고 메시지

자연계의 모든 종은 한 혈통이다.

114/

다윈의 마지막 첨언 1

나는 이제껏 종이 오랜 시간을 거쳐 서서히
변화했고, 현재도 변화하고 있다는 사실을 설명했다.
하지만 여전히 다수의 박물학자와 지질학자들은
'종은 변할 수 있다'는 나의 견해를 받아들이지
않는다. 더불어 자연은 신에 의해 창조되었다는
종교적 믿음을 뒤흔드는 도전으로 받아들인다.
물론 인간의 지혜로는 1억 년이라는 시간의 개념을
온전히 이해하기 어렵고, 무한 세대 동안 축적된
변이가 가져온 효과를 알아채는 것이 불가능할
것이다. 하지만 감히 주장하건대, 우리의 무지를
'창조의 계획'이니 '설계의 통일성'이라는 말로
감추지는 말자. 미래의 학자들은 이 책의 주장에
대해 편견 없는 시선으로 과학적 양심을 지켜주기
바란다.

종은 변할 수 있는 것이라고 믿게 된 자는 누구나
자신의 신념을 양심적으로 표명하는 것으로 충분히
공헌할 수 있다. 그렇게 함으로써만, 이 주제 위에
덮치고 있는 편견의 무거운 짐을 제거할 수 있기
때문이다.

❗ 짧고 메시지

한때 과학자들이 아이작 뉴턴(Sir Isaac Newton)을 비난했듯 다윈을
비판했다. 하지만 이제 모든 인류가 만유인력을 알고 있듯 다윈의 진화론을
의심하지 않는다.

115 /

다윈의 마지막 첨언 2

나는 이제까지의 연구를 통해 지구의 모든 유기체는
하나의 원형, 하나의 원시 형태로부터 유래했다고
추론한다. 예견컨대 아마도 많은 분류학자들은 종의
분류에 있어 더 많은 난관에 봉착하게 될 것이다.
감히 조언하자면, 어떤 형태가 충분히 영구적인지,
다른 형태와 뚜렷이 구별되는지를 결정하는 것이
종과 변종의 분류에 있어 기준이 될 것이다. 그
사이에 존재했을 중간 단계에 대한 고려는 마땅하다.
아마도 현재는 단순한 변종이라 생각되는 것이
미래에는 종의 지위에 오를 수도 있을 것이다.
그래야 일상의 언어와 과학의 언어가 일치하게 된다.
아직 발견되지 않은, 또는 발견할 수 없는 종이라는
용어의 본질을 찾아내려는 헛수고도 면하게 될
것이다.

우리는 박물학자가 속을 편의상 만들어진 단순한
인위적 결합물이라고 인정하는 것과 같은 방법으로
종을 취급해야 한다.

❗ 짧고 메시지

"내가 그의 이름을 불러주기 전에는 / 그는 다만 / 하나의 몸짓에 지나지
않았다." 김춘수 시인의 '꽃'이라는 시다. 자연은 '종'이라는 이름이 붙기
전에도 이미 생명으로 존재했다.

116/

다윈의 마지막 첨언 3

종의 기원에 대한 나의 연구는 다양한 숙제를
내놓는다. 박물학에서는 변이의 원인과 법칙, 연관
성장 등에 대한 탐구가 계속되어야 하고, 분류학은
계보학으로 나아갈 것이다. 더불어 발생학, 지질학,
심지어 심리학 등 과학의 다양한 분야가 함께
요동치게 될 것이다.

그 모든 미래의 변화는 지구상의 모든 유기체가
창조주의 피조물이 아닌, 어쩌면 실룰리아기의
첫 번째 암층이 퇴적되기도 전에 살았던 소수의
유기체들로부터 출발했을지도 모른다는 추론에서
출발해야 한다. 그 최초의 생명체 이후, 모든
유기체는 더 개체에 유리하고 완벽해지는 방향으로
진화할 것이다. 인간 역시도 그러한 아름답고도
경이로운 자연의 부분으로 존재하고 있다.

생명은 그 여러 가지 힘에 의해 소수의 것, 혹은 단 하나의 형태로 불어넣어졌다는 이 견해, 그리고 이 행성이 확고한 중력의 법칙에 의해 회전하는 동안에 그토록 단순한 발단에서 극히 아름답고 가장 경탄할 만한 무한의 형태가 생겨나고, 또한 진화하고 있다는 견해 속에는 장엄함이 깃들어 있다.

❗ 짤고 메시지
극단적으로 단순한 무엇으로부터의 출발이 현재의 생명체들에 이르렀다.

짤라보는 고전 **종의기원**

초판 1쇄 발행 2020년 12월 30일

지은이 겨울나무
펴낸이 최영민
펴낸곳 헤르몬하우스
기획 시민 K
인쇄 미래피앤피
주소 경기도 파주시 신촌2로 24
전화 031-8071-0088
팩스 031-942-8688
전자우편 hermonh@naver.com
등록일자 2015년 3월 27일
등록번호 제406-2015-31호

ⓒ 겨울나무, 2020. Printed in Korea.

ISBN 979-11-91188-15-8   (03160)